Hahn

Dietmar Pfennighaus

NEUE HORIZONTE

Mit herzlichen Segenswünschen für den Dienst der Seelsorge und dem Gebetsdienst in der Friedenskirche Braunschweig

Dietmar Pfennighaus

Dietmar Pfennighaus

Neue Horizonte

Beziehungen stärken durch
Systemische Seelsorge

francke

Über den Autor:
Dr. Dietmar Pfennighaus (Marburg) ist Theologe, Dipl.-Pädagoge und Dipl.-Supervisor. Er ist verheiratet und hat fünf erwachsene Pflegekinder. Nach seiner Tätigkeit als Pastor führt er Weiterbildungskurse und Seminare durch und wirkt als Berater und Autor. Er leitet das *Institut Systemische Beratung und Seelsorge* (ISBUS).

Bibliografische Information Der Deutschen Bibliothek
Die Deutsche Bibliothek verzeichnet diese Publikation in der Deutschen Nationalbibliografie; detaillierte bibliografische Daten sind im Internet über http://dnb.ddb.de abrufbar.

ISBN 978-3-86827-240-6

35037 Marburg an der Lahn
Covergestaltung: www.vogelsangdesign.de
Satz: Verlag der Francke-Buchhandlung GmbH
Druck und Bindung: CPI Moravia Books, Korneuburg

www.francke-buch.de

Inhaltsverzeichnis

*Herzlich bedanken möchte ich mich bei meiner
Assistentin Vanessa Weiß, die mich bei der Strukturierung
des Textes unermüdlich unterstützt hat.
Ebenso gilt mein Dank den Hunderten
von TeilnehmerInnen der Weiterbildungskurse,
ohne die ich all die Erfahrungen,
die diesem Buch zugrunde liegen,
nicht hätte sammeln können.
Sich mit so vielen engagierten SeelsorgerInnen
„Neue Horizonte“
zu erschließen, beflügelt mich.*[1]

1 Weitere Informationen zu Seelsorge und Weiterbildung auf Seite 149.

Einführung

Vor einigen Jahren entdeckte ich in einer verstaubten Kiste alte Schmalspurfilme, die mein Vater in den ersten Monaten meines Lebens gedreht hatte. „Das ist ja wie Goldstaub“, meinte mein Bruder, als ich ihm von meinem Fund erzählte. Und tatsächlich: Als ich einen der Filme zu einem Geburtstag mit Freunden anschaute, verfolgten wir, wie meine Mutter mich als Säugling badete. Jemand machte mich darauf aufmerksam, dass man deutlich sehen könne, mit wie viel Liebe und Hingabe sich meine Mutter mir widmete.

Ich war auf ein Beweisstück für das, was ich schon immer gesucht habe, gestoßen: Spuren der Liebe, die mir helfen, noch sicherer und geborgener durch mein Leben zu gehen. Ich habe die Liebe meiner Mutter zu mir zwar niemals und keineswegs infrage gestellt, doch ich fühlte mich in einer zerrütteten Familie wenig aufgehoben und hatte in meiner Kindheit einige psychische Probleme. Heute geht es mir so gut, dass ich mein Glück manchmal kaum fassen kann. Umso mehr bewegt mich, was um mich herum passiert.

Schon die Schlagzeile eines Artikels der heutigen Tageszeitung schockiert mich: „Keine Beziehung mehr zu irgendwem“. Hier geht es nicht um Ereignisse in fernen Ländern, sondern um die wohl größte Not in unserer Gesellschaft: die Unbeständigkeit familiärer Beziehungen und deren Auswirkungen. Etliche Kinder (12% der Mädchen und 18% der Jungen) sind von Verhaltensauffälligkeiten oder psychischen Erkrankungen betroffen, wie eine Studie des Robert-Koch-Instituts aus dem Jahr 2010 belegt.

> *„Jahr für Jahr steigt die Zahl der Krankschreibungen aufgrund psychischer Probleme. Die Techniker Krankenkasse hat ausgerechnet, dass im Schnitt bei jeder fünften Erwerbsperson mindestens einmal im Jahr eine psychische Erkrankung diagnostiziert wird. 36% der Frühverrentungen sind psychisch bedingt. In den Kliniken hat die*

Behandlung seelischer Probleme – gemessen an der Therapiedauer – den Herzpatienten bereits von Platz eins verdrängt.“[1]

Weil uns das betrifft oder betreffen könnte, ist es sehr dringlich, wirksame Vorgehensweisen zur Stärkung unserer Beziehung zu anderen, aber auch zu Gott und uns selbst zu finden. Wir alle sind gefordert – in der persönlichen Prophylaxe und gegenseitigen Unterstützung. Aber wie?

So nett die Filmdokumente auch sind – im Grunde geht es ja um die „Filme“ in unserem Kopf, die wir bewusst oder unbewusst ständig „abspielen“. Die Aufgabe besteht nun darin, die übersehene Liebe zu entdecken, damit sie unser Herz erreicht und uns erleichtert unseren Weg gehen lässt. Dies ermöglicht die *Systemische Seelsorge*, die in diesem Buch vorgestellt werden soll.

Dabei handelt es sich nicht um ein Fach- oder Lehrbuch, sondern um ein Praxisbuch, das vor allem denjenigen gewidmet ist, die sich Unterstützung in ihrem persönlichen Beziehungsalltag wünschen.

Diesem neuen Lebensgefühl nähern wir uns Schritt für Schritt, indem wir

- dankbarer und gelassener durch den Tag gehen, weil wir die Bedeutung und Kostbarkeit unserer **Beziehungen** vermehrt wahrnehmen und schätzen lernen,
- unsere Potenziale stärker ausschöpfen und nach bislang ungenutzten **Ressourcen** Ausschau halten,
- uns der Bewältigung unserer Probleme nähern, da wir uns auf die **Lösungen,** statt auf die Schwierigkeiten konzentrieren,
- Zerrissenheit und Minderwertigkeitsgefühlen eine **ganzheitlich** ausgewogene Betrachtung unseres Seins und unserer Beziehungen entgegensetzen,
- durch einen **Perspektivenwechsel** neue Möglichkeiten im Denken, Fühlen und Handeln erschließen.

---

1 Stief, Gabi: „Keine Beziehung mehr zu irgendwem“. In: Oberhessische Presse vom 14.08.2010. S. 13.

Doch werfen wir zunächst kurz einen Blick auf die **Entstehungsgeschichte der Systemischen Seelsorge.** Wie viele andere helfende (insbesondere beratende) Tätigkeiten ist auch die Seelsorge von wissenschaftlichen Entdeckungen der Psychologie und Psychotherapie inspiriert, um dann auf der Grundlage eines biblischen Welt-, Menschen- und Gottesbildes eigene Handschriften zu finden.

Als um das Jahr 1890 Sigmund Freud seine Thesen vorstellte, war der Startschuss für die Psychotherapie gefallen. Einige Jahrzehnte später wurde die Verhaltenstherapie entwickelt. Nach und nach kam es zu einer breiten Palette therapeutischer Schulen.

Seit den Sechziger- und Siebzigerjahren des vorigen Jahrhunderts gewann – unter anderem durch die Arbeit der amerikanischen Familientherapeutin Virginia Satir – eine Einsicht in Therapie und Beratung immer mehr Aufmerksamkeit: Wir sind so stark auf andere Menschen bezogen, dass es zu kurz greift, Probleme nur von der betroffenen Person her erklären und lösen zu wollen. Denn stets sind die Beziehungsgeflechte (die Systeme), in denen das Unerwünschte entstanden ist und sich erhalten hat, ausschlaggebend. Deshalb ist es Ziel der Systemischen Beratung, Probleme im Beziehungskontext der Ratsuchenden zu betrachten sowie aus diesem die Lösungen zu schöpfen.

Zu einem Merkmal der systemischen Arbeit wurde außerdem, sich nicht an Problembeschreibungen aufzuhalten, sondern sich gleich auf die bislang ungenutzten Ressourcen und Lösungen zu konzentrieren. Auch deshalb erwies sich dieser Ansatz als besonders wirkungsvoll und effektiv.

So wurden seit den 1990er-Jahren Systemische Therapie- und Beratungsformen in einem rasanten Tempo weiterentwickelt und sehr populär. Dies schlägt sich u.a. darin nieder, dass mittlerweile in Deutschland Hunderte von Instituten systemisch orientierte Weiterbildungen anbieten.

Als Christen folgen wir solchen Entwicklungen meist mit einer zeitlichen Verzögerung.[2] Dies soll nicht beklagt werden. Doch es ist

2 Vgl. dazu Michael Dieterich: Der Mensch in der Gemeinschaft. Grundpositionen linearer und zirkulärer Prozesse. In: Dieterich, Michael (Hg.): Der Mensch in der Gemeinschaft. Friedensau 1997. S. 26.

an der Zeit zu fragen, wie auch im Umfeld christlicher Kirchen und Gemeinden von den Entdeckungen systemischer Arbeit profitiert werden kann. Dies ist umso naheliegender, als systemische Instrumente durch Verknüpfungen mit den Möglichkeiten, die uns in der Verbindung zu Gott anvertraut sind, noch fruchtbarer eingesetzt werden können. Im Ergebnis dieser Verbindung zwischen Systemischer Beratung und biblischem Gedankengut hat sich eine spezielle Form von Beratungstätigkeit herausgebildet – die *Systemische Seelsorge.*

Um die weitere Professionalisierung dieser Seelsorgeform voranzutreiben, habe ich ein Weiterbildungsinstitut für Systemische Beratung und Seelsorge gegründet. So können qualifizierte SeelsorgerInnen[3] Ratsuchenden helfen, mehr Sicherheit in den Beziehungen zu Gott, dem Nächsten und sich selbst zu finden. Da alle in der Seelsorge auftretenden Probleme auf irgendeine Weise mit unseren Beziehungen zu anderen, zu Gott und zu uns selbst zu tun haben, sind Ratsuchende mit jeglichen Schwierigkeiten in der Systemischen Seelsorge gut aufgehoben.

Gegenüber der Therapie grenzt sich die Systemische Seelsorge dadurch ab, dass ihr Ziel nicht in der unmittelbaren Behandlung psychischer Erkrankungen besteht.

Zur Standortbestimmung ergibt sich natürlich auch die Frage, wie die systemische Beratungstätigkeit überhaupt zu den christlichen Grundwerten passt.

Wer andere dabei unterstützt, auf dem eigenen Lebensweg mehr Stabilität zu gewinnen, wird das mit einem bestimmten **weltanschaulichen Verständnis** tun. Dabei muss der Berater diesen Rahmen für seine Tätigkeit nicht neu erschaffen, sondern folgt den religiösen oder philosophischen Überzeugungen, die sein Leben ansonsten bestimmen.

Die säkulare Systemische Beratung steht historisch auf dem Boden der Humanistischen Psychologie, in der man – im Gegensatz zu christlichen Grundüberzeugungen – davon ausgeht, dass der Mensch

3 Im Folgenden werde ich, um den Sprachfluss nicht zu stören, in der Regel nicht gleichzeitig männliche und weibliche Formen benutzen. Da Frauen in der Seelsorge aktiver sind, habe ich mich für die weibliche Form entschieden. Allerdings sollten sich Männer gleichermaßen angesprochen fühlen.

von Natur aus gut ist und daraus alle Kräfte erwachsen, die für ein gelingendes Leben nötig sind. Als es darum ging, der Arbeit einen theoretischen Überbau zu geben, entschied man sich für die philosophische Strömung des Konstruktivismus. Hier geht man in seiner radikalen Variante davon aus, es gäbe gar keine objektive Welt. Stattdessen konstruiert der Mensch diese erst durch seine Wahrnehmungen und Deutungen.

Doch die Praxis Systemischer Beratung ist in keiner Weise von diesem Über- oder Unterbau abhängig, sondern kann ebenso gut auf ein anderes Fundament gestellt werden.

Wer sich als Christ mit den Grundaussagen systemischer Beratungstätigkeit beschäftigt, dem wird auffallen, dass die systemischen Grundaussagen mit den biblischen Wahrheiten so weit übereinstimmen, dass sich das Wort Gottes als Fundament für systemisches Gedankengut sehr eignet. Dies braucht uns nicht zu wundern, wenn wir davon ausgehen, dass Gott der Architekt unserer Beziehungen ist.

So werden wir beim Lesen immer mehr entdecken, dass systemisches Denken noch spannender und gewinnbringender ist, wenn wir bei aller Beziehungsklärung mit der Weisheit und Liebe eines uns ganz zugewandten Gottes rechnen. Umgekehrt stärkt auch jenes systemische Denken, das sich in Gottes Schöpfungsideen gründet und ein umfassendes Verständnis von Versöhnung vermittelt, die Beziehung zu unserem himmlischen Vater.

Zum Aufbau des Buches

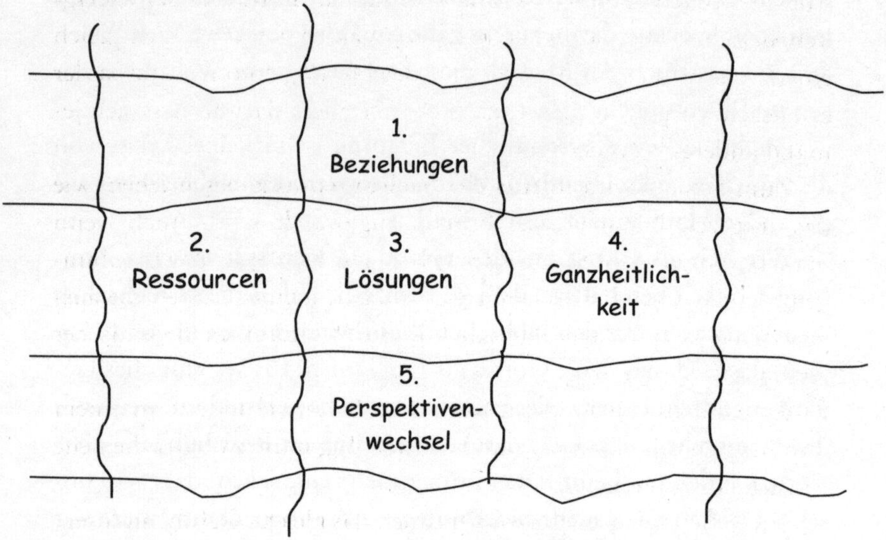

Fünf bereits genannte Ausrichtungen bestimmen den Inhalt dieses Buches: Beziehungen, Ressourcen, Lösungen, Ganzheitlichkeit und Perspektivenwechsel. Für jeden dieser Schwerpunkte werden vier Facetten beschrieben. So wird in 20 Kapiteln jeweils eine Grundannahme Systemischer Beratung vorgestellt. Davon sind natürlich einige auch in anderen Beratungsansätzen anzutreffen. Manche erscheinen auch selbstverständlich. Doch zusammengenommen ergeben sie eine starke Dynamik für heilsame Lösungen und bilden hier die Grundlage für das Profil der Systemischen Seelsorge.

Nach der Beschreibung **einer systemischen These** wird im zweiten Teil eines jeden Kapitels dargestellt, inwiefern diese Gedanken schon in der **Bibel** ihren Platz haben.

Der umfangreichste Teil eines Kapitels trägt die Überschrift **Beobachtungen** und stellt Erkenntnisse vor, die fruchtbares systemisches Denken im Alltag fördern.

Mit **Zum Einüben** ist der darauf folgende Abschnitt überschrieben, der Impulse beinhaltet, die man für sich allein leicht ausprobieren kann und die allgemein das systemische Denken im Alltag unterstützen. Weitere Übungen können Sie auf eine **konkrete Schwierigkeit** beziehen, die Sie gerade belastet. Wählen Sie am besten gleich eine Situation aus, für die Sie sich Erleichterung erhoffen und in der es tatsächlich um Sie geht (und nicht vor allem darum, dass sich jemand anderes verändern soll).

Zum Schluss wird in **Aus der Seelsorgepraxis** beschrieben, wie das aufgezeigte systemische Prinzip angewandt wird. Auch wenn manche Vorgehensweisen in der gebotenen Kürze der Beschreibungen nicht vollständig nachvollzogen werden können, geben die ausgewählten Beispiele einen Einblick in die Wirksamkeit systemischer Arbeit.

Empfehlenswert ist auch, jedes der 20 Kapitel jeweils an einem Tag zu lesen und dann bis zum nächsten Tag immer wieder die neue Einsicht auszuprobieren.

Ich hoffe, dass diese Seiten bei Ihnen das gleiche Gefühl auslösen, mit dem ich dieses Buch geschrieben habe – das Staunen über den unermesslichen Reichtum, der sich uns eröffnet, wenn wir systemisch (oder mit einem anderen Wort: ganzheitlich) denken.

Vorab noch eine Warnung: Systemisches Denken rüttelt an unserem Bild von dieser Welt, das wir gewohnt sind. Sollten Ihnen all Ihre bisherigen Denkmuster über Ihre Beziehungen heilig sein, dann lesen Sie lieber nicht weiter. Denn es braucht eine Portion Entdeckerfreude und Mut, um sich manchem Ungewohnten zu nähern und von der Systemischen Seelsorge reichlich profitieren zu können.

Ausrichtung: Beziehungen

Täglich erleben wir, dass die meisten unserer Probleme unsere Beziehungen betreffen. Doch es ist uns auch bewusst, dass ein Leben ohne Beziehung belanglos wäre und uns jegliche Erfüllung rauben würde. Deshalb nehmen wir lieber Beziehungsprobleme in Kauf, als beziehungslos zu sein.

Wir übersehen dagegen schnell, dass aus unserem Miteinander nicht nur Probleme erwachsen, sondern auch Lösungen. Deshalb sollten wir unseren Beziehungsgeflechten mehr Wertschätzung entgegenbringen.

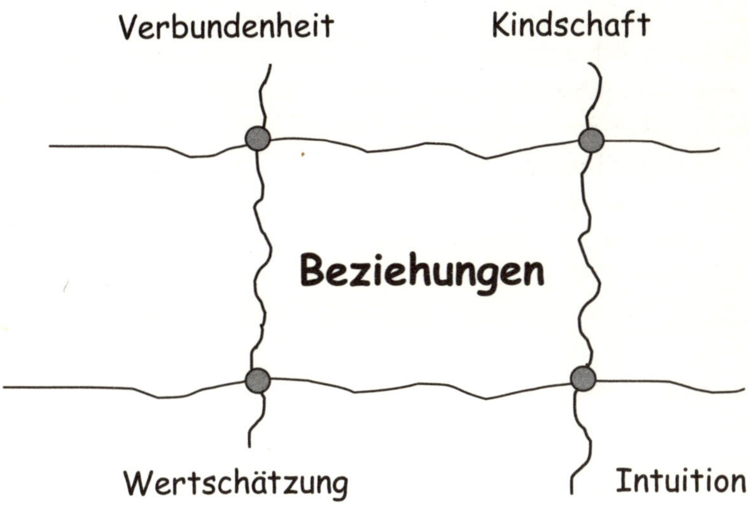

1. Einsicht: Wir sind überraschend stark miteinander verbunden

Eine systemische These ...

Unter Systemen versteht man einen Zusammenschluss von Teilen, die aufgrund ihrer engen Verbundenheit unweigerlich aufeinander reagieren. Solche Systeme sind nicht nur in unseren Beziehungen anzutreffen, sondern überall in der Schöpfung. Deshalb wird beispielsweise auch in der Regeltechnik und Kybernetik auf der Grundlage von Systemtheorien gearbeitet.

Für uns ist hier die Einsicht wichtig, dass wir überraschend stark miteinander verbunden sind. Deshalb gilt in unseren Systemen – oder weniger technisch ausgedrückt: in unseren Beziehungsgeflechten: Wenn sich einer in irgendeiner Weise bewegt, hat das auf alle anderen eine Auswirkung. Auch wenn es uns nicht immer angenehm ist, so verbunden zu sein, ist es verhängnisvoll, die Stärke unserer Beziehung zu leugnen.

So ist unsere Existenz maßgeblich davon geprägt, in Beziehung zu sein. Denn für uns genommen fühlen wir uns bedeutungslos. Weil wir das völlige Alleinsein nicht aushalten würden, tun wir alles Mögliche, um miteinander in Beziehung zu kommen und zu bleiben.

... und die Bibel

Dass wir bis über beide Ohren beziehungsorientiert sind, hat Gott selbst in uns hineingelegt. Die Bibel stellt die Gleichung auf: „Gott ist Liebe" (1. Joh. 4,8.9). Nur damit lässt sich das Wesen des eigentlich unüberschaubar großen Gottes auf den Punkt bringen. Gemeint ist dabei auch, dass sich alles Handeln Gottes aus seinem Wunsch erschließt, in Beziehung zu treten. Aus welchem anderen Grund hätte er uns Menschen sonst jemals erschaffen, als mit uns Gemeinschaft zu haben? Denn als Akteure in einem himmlischen Unterhaltungsprogramm taugen wir nicht. Deshalb kann es als ein bedeutendes geistliches Anliegen angesehen werden, einen tieferen Einblick in die Bedeutung unserer Beziehungen zu bekommen.

Es ist nicht zu übersehen, dass die Beziehung zu Gott, ebenso wie die Beziehung zueinander, das bestimmende Thema der Bibel sind. Dementsprechend ist das Alte Testament von der Geschichte eines Volkes bestimmt, das um Zusammenhalt ringt. Darin waren die Israeliten so erfolgreich, dass alle Versuche, sie auszurotten, scheiterten. Andererseits gibt beispielsweise das erste Buch der Bibel Anschauungsmaterial für wenig erfolgreiche, verstrickte Familiensysteme. So treffen wir in der Familie von Isaak und Jakob an verschiedenen Stellen Betrug und Günstlingswirtschaft an.

Im Neuen Testament spielen Beziehungen durch Jüngerschaft und später die Entstehung von Gemeinden eine große Rolle. Immer wieder geht es um Beziehungsklärung jeglicher Art, daraus können auch für systemisches Denken viele Anregungen geschöpft werden.

Beobachtungen

Manchmal wollen wir mehr Klarheit darüber, wodurch unser Leben eigentlich seinen Sinn bekommt. Harald Lesch, Professor für theoretische Physik, wurde in einem Radiointerview[4] gefragt, was Materie eigentlich sei. Seine Antwort darauf lautete: „Materie ist Beziehung." Er begründete dies so: Wenn wir uns ein Atom in der Größe eines großen Fußballstadions vorstellen, ist der Atomkern als das größte Elementarteilchen so groß wie ein Reiskörnchen auf dem Anstoßpunkt. Drum herum schwirren ein paar noch winzigere Teilchen. Abgesehen davon ist das Stadion leer. Im Makrokosmos sieht es genauso aus: Das Weltall ist leer. Nur verschwindend selten ist irgendetwas anzutreffen.

Unter diesem Blickwinkel ist es verwunderlich, zwischen dem kleinen Nichts und dem großen Nichts überhaupt etwas vorzufinden.

Sowohl die Teilchen eines Atoms als auch die Himmelskörper füllen für sich allein den Raum in keiner Weise aus. Nur durch ihre Beziehung zueinander ergeben sie etwas Bedeutungsvolles. So ist es

4 Sendung Doppelkopf im Hessischen Rundfunk am 02.07.2008.

möglich, dass die Trillionen von Atomen in unserem Körper nicht nur etwas Funktionales, sondern auch etwas Ansehnliches ergeben.

Darum macht das Einzelne immer nur in seinem Kontext (gemeint ist der Beziehungszusammenhang) Sinn. Beispielsweise führt eine isolierte Betrachtung einzelner Worte zu absurden Schlussfolgerungen. Einer unserer Pflegesöhne illustrierte uns das einmal, als unsere Familie nur ein paar Hundert Meter von unserem Haus in einem Naturschutzgebiet spazieren ging. Er muss wohl unsere Gespräche nicht sonderlich interessant gefunden haben, als er anmerkte, dass es hier verboten sei, sich zu unterhalten. Als wir ihn sichtlich verdutzt anschauten, verwies er uns auf ein Schild, auf dem tatsächlich stand: Feuer anzünden oder unterhalten verboten. Der Wortlaut stimmte, der Zusammenhang jedoch nicht.

Noch mehr als Worte können auch menschliche Verhaltensweisen nur im Zusammenhang ihrer Beziehungen wirklich verstanden werden. Aufgrund dessen begleitet uns die Suche nach dem Verbindenden unser Leben lang. Wir fürchten nichts mehr als die Bedeutungslosigkeit, die sich aus der Vereinzelung ergeben würde. Denn wie die Elementarteilchen haben auch wir nur durch unsere Beziehung zueinander Bedeutung. Für uns allein genommen sind wir zu winzig, um nicht verloren zu gehen. Deshalb ist es so bedeutungsvoll, wenn wir u.a. durch systemisches Denken das Verbindende erkennen können.

So suchen wir unter allen Umständen Beziehungen. Da es nicht alle Jahre wieder ein so bedeutendes Ereignis der Verbundenheit wie das der Wiedervereinigung Deutschlands zu feiern gibt, nutzen wir auch banalere Ereignisse, um unserer Verbundenheit Ausdruck zu verleihen. So wird beispielsweise lediglich ein Stück Leder aufgepumpt und weltweit wird beobachtet, wohin es gerade fliegt. Schon lange hat man in Deutschland nicht mehr so viele Fahnen gesichtet wie bei einer Fußballweltmeisterschaft. Doch worum geht es dabei eigentlich?

Mit Freunden habe ich ein WM-Spiel angeschaut. Eine hochgebildete Ärztin im Rentenalter erzählte dabei, dass sie zum ersten Mal ein Fußballspiel verfolgte und sich nun fragte, wer der Mann auf dem

Spielfeld sei, der ein ganz anderes Trikot trägt und so dicht am Ball nicht mitspielt. Mit ihr haben wir herzhaft über die kuriose Frage nach der Person des Schiedsrichters gelacht. Doch die erheblichen Wissenslücken waren überhaupt nicht tragisch. Denn von Bedeutung war für uns nicht das Spiel an sich, sondern die Verbundenheit, die es erzeugte. Es zählte, dass wir gemeinsam für eine Sache fieberten. Dass dabei der Gegenstand der Betrachtung als austauschbar angesehen werden konnte, beeinträchtigte das Miteinander und die entstandene Verbundenheit nicht.

Letztlich können wir uns der Verbundenheit sicher sein. Das wird deutlich, wenn wir Familien oder andere Systeme mit Reagenzgläsern vergleichen, die unten so miteinander verbunden sind, dass die Flüssigkeit in der einen Röhre ungehindert in die andere fließen kann. Kommt etwas Neues irgendwo hinein, vermischt sich das im gesamten System. Und wenn an einer Stelle Druck auf den Flüssigkeitsspiegel ausgeübt wird, steigt der Pegel auch in allen anderen Röhren.

Unser Alltag ist von solchen Kettenreaktionen bestimmt, die an jeder Stelle eines Systems losgehen können. Wenn z.B. unser Hund einen epileptischen Anfall bekam, konnte unsere Tochter nicht schlafen. Bei meiner Frau klagte sie dann ein, etwas dagegen zu unternehmen. Diese bezog mich ein, sodass auch ich davon etwas gestresst war. Oder ich wurde – um das System zu stabilisieren – immer ruhiger und gelassener. Auf jeden Fall reagierten wir alle aufeinander.

Natürlich vollzieht sich ein solcher Dominoeffekt ebenso durch positiv empfundene Auslöser. Wenn jemand einen Erfolg erringt oder eine versöhnlichere Sicht einnehmen kann, wirkt sich das auf alle anderen aus, die mit dieser Person eng verbunden sind. Was auch immer einer Person in einem System passiert, beeinflusst alle, die dazugehören.

Oft sind Angehörige gerade durch Probleme miteinander verbunden. Dann bleiben die Schwierigkeiten allzu lange erhalten. Dafür seien einige Beobachtungen kurz skizziert:

- Konfliktpartner streiten heftig, weil sie auf diese Weise sicher und intensiv in Verbindung bleiben. Sie müssen ständig aneinander denken. Einen gesunden Abstand voneinander zu gewinnen, ohne die Beziehung zu verlieren, scheint noch zu gewagt.
- Ein Kind versucht durch massive Verhaltensauffälligkeiten zu verhindern, dass sich die Eltern streiten oder gar auseinandergehen.
- Eine Frau hat ein Kind abgetrieben. Um mit ihrem toten Kind in Verbindung zu bleiben, traut sie sich nicht, die Möglichkeiten ihres Lebens auszuschöpfen.
- Ein junger Erwachsener verweigert Schritte in die Selbstständigkeit. Er will seiner Mutter, die Schwierigkeiten hat, ihn loszulassen, nicht wehtun.
- Ein 38-jähriger Mann führt einen Lebensstil, der völlig rücksichtslos gegen sich selbst ist. Schließlich bekommt er eine Herzerkrankung – genauso wie seine Mutter. Weil in der Beziehung zu ihr etwas unversöhnt ist, erlaubt er sich unbewusst nicht, es sich besser gehen zu lassen, als es ihr geht.
- Eine 25-jährige Frau trinkt zu viel Alkohol. Auf diese Weise ist sie mit ihrem alkoholkranken Opa (dem Vater ihrer Mutter) über die Sucht verbunden. Damit versucht sie auszugleichen, dass ihre Mutter ihren Vater hasst.

Solche Beobachtungen, auf die wir in unseren Begegnungen immer wieder stoßen, erscheinen zunächst völlig unsinnig. Schlüssig werden solche Reaktionen nur, wenn wir systemisch darauf schauen – d.h. beachten, dass Beziehungen in unserem Leben oberste Priorität haben. Deshalb leiden wir lieber, als den Eindruck haben zu müssen, nicht (stark genug) verbunden zu sein.

Eine Lösung wird dann möglich, wenn wir erkennen, dass das problematische Verhalten nicht die einzige Möglichkeit ist, miteinander in Verbindung zu sein und zu bleiben. Auf diese Weise wird die Angst vor dem Neuen oder die Sorge, zukünftig weniger verbunden zu sein, verringert, sodass man es wagen kann, auf das Problem zu verzichten. Dann wird auch deutlich, dass das neue Denken, Fühlen und Verhalten die Beziehung nicht schwächt, sondern stärkt.

Zum Einüben

Impuls 1:

Denken Sie an eine konkrete Anstrengung zurück, die Sie in der letzten Woche beschäftigt hat. Mit welchen Beziehungen hatte Sie direkt oder indirekt zu tun? Können Sie sehen, dass Sie mit Ihren Bemühungen in ein Netz gegenseitiger Dienstleistungen eingebunden sind, das auch ein Stück Verbundenheit schafft?

Impuls 2:

Wenn Sie beobachten, wie andere Menschen in ihren Beziehungen leben, achten Sie mal darauf, ob Sie Folgendes beobachten können: Das Verhalten einer Person wird von einer anderen größtenteils unbewusst nachgeahmt. Daran erkennen Sie, dass sich das, was einer Person im Beziehungsgeflecht passiert, auf alle anderen auswirkt.

Denken Sie nun darüber nach, dass solche Zusammenhänge nicht nur für Negatives, sondern auch für Positives gelten. Überlegen Sie: Welche guten Vorbilder haben Sie? Wer erachtet Sie in welchem Zusammenhang als nachahmenswert? Inwiefern profitieren Sie von dem Guten, das anderen widerfahren ist?

Impuls 3 (insbesondere zur Glaubensstärkung):

Lassen Sie folgende Tatsache auf sich wirken: Gott hat uns so geschaffen, dass wir gar nicht beziehungslos leben und ohne Beziehung auch nicht glücklich sein können. Er hat uns so unausweichlich beziehungsorientiert geschaffen, obwohl er wusste, wie viele Schwierigkeiten wir haben würden, seinen Idealen in unseren Beziehungen zu folgen.

Welche Gefühle ruft das hervor? Inwieweit können Sie Gott zustimmen, dass es trotz aller Probleme gut ist, wie es ist?

Denken Sie, dass Gott Sie damit ärgern wollte oder dass er es aus Liebe gerade so getan hat? Vielleicht hilft Ihnen dabei ein wenig der Gedanke, dass Gott uns ja für die neue Erde geschaffen hat, in der wir unsere Beziehungen völlig uneingeschränkt genießen können.

Für eine konkrete Schwierigkeit

Impuls 4:

Mit welchen Ihrer Beziehungen steht das Problem in Verbindung? Was bedeuten Ihnen diese Beziehungen? Sind Sie Ihnen wertvoll genug, dass Sie nicht auf sie verzichten möchten – auch wenn die Verbindung Schwierigkeiten mit sich bringt?

Impuls 5:

Gehen Sie dem Gedanken nach, was Ihnen in dieser schwierigen Situation Ihr Beziehungsnetz bedeutet. Damit sind die Menschen gemeint, die versuchen Ihnen zu helfen, wenn Sie eine angemessene Bitte an sie haben. Können Sie Spuren von Zuneigung zu Ihnen entdecken?

Aus der Seelsorgepraxis

Das folgende Beispiel soll anreißen, wie die Verbundenheit – manchmal über mehrere Generationen – zu unbewussten Verstrickungen und dazugehörigen Symptomen führen kann und wie dies in der systemischen Arbeit aufgedeckt und gelöst werden kann:

Eine Ratsuchende machte sich große Sorgen um ihren sechzehnjährigen Sohn Martin[5], der zeit seines Lebens Panikattacken bekam, die ihn manchmal sogar einige Momente bewusstlos werden ließen.

Während wir nach einem auslösenden Ereignis suchten, war die stärkste emotionale Betroffenheit in dem Moment zu spüren, als die Mutter berichtete, wie sich bei seiner Geburt die Nabelschnur um den Hals gewickelt hatte und er blau angelaufen war. Es wurde deutlich, wie schwer es schon bei der Geburt für Mutter und Sohn war, voneinander loszukommen. Martins Panikattacken reinszenierten dieses Trauma und sorgten bis heute durch die Ängste der Mutter für eine nahezu symbiotische Verbindung.

Im systemischen Prozess konnte die Ratsuchende schließlich würdigen, dass damals während der Geburt das Leben gesiegt hatte. So war sie in der Lage, emotional ihren Entschluss zu vertiefen, Martin nach und nach loszulassen.

5 Natürlich sind die Namen und einige äußere Faktoren geändert.

Doch nun war noch ein weiterer Schritt nötig. Es zeigte sich bei der Ratsuchenden nämlich eine Überlebensangst, die noch einen anderen Ursprung hatte als die dramatische Geburt Martins. Denn nach einigem Nachfragen und Nachspüren wurde auch eine symbiotische Beziehung zwischen der Ratsuchenden und ihrem Vater erkennbar. Dieser war in Russland im Krieg und anschließend sechs Jahre in Kriegsgefangenschaft gewesen. Diese Erfahrung des Vaters war die Ursache für die existenzielle Angst der Ratsuchenden. Doch dass sie heute noch diese Angst spürte und sie sich sogar in Martins Panikattacken widerspiegelte, war natürlich völlig unangemessen.

Die Lösung bestand nun darin, dass die Ratsuchende sich vergewisserte, dass auch damals für ihren Vater das Leben gesiegt hatte. Durch ein kleines Ritual legte sie die Angst in der Vergangenheit ihres Vaters ab. Ihr wurde dabei klar, dass ihr Vater wollte, dass es ihr gut ging. Mit ihm konnte sie sich verbunden fühlen – auch ohne sich der Angst als Bindeglied zu bedienen.

2. Einsicht: Unser Reichtum liegt in der Kindschaft

Eine systemische These ...

Dass wir so stark miteinander verbunden und auf Beziehungen angewiesen sind, zeigt sich unübertroffen zwischen einem Kind und seinen Eltern. Da diese Beziehung für jeden Menschen die erste ist, handelt es sich bei ihr um eine Schlüsselerfahrung für alle weiteren Beziehungen.

So ist es nicht verwunderlich, dass in der überwiegenden Zahl systemischer Prozesse das Thema Kindschaft in den Mittelpunkt rückt. Selbst bei Themen, von denen man es nicht erwartet, gewinnt die Beziehung zu den Eltern eine Bedeutung. Beispielsweise spielt in Entscheidungen auch die Meinung von Mutter und Vater eine bedeutende Rolle. Viele momentane Sorgen und Ängste können in frühkindlichen Zweifeln verwurzelt sein, ohne ausreichend versorgt oder gesehen zu werden.

In der Systemischen Beratung ist nun – so säkular der Kontext auch sein mag – der Begriff der Versöhnung sehr zentral. Ganz besonders im Hinblick auf unsere Kindheit besteht Handlungsbedarf, das Wertvolle – trotz aller Einschränkungen – zu entdecken und so das Gefühl des Aufgehobenseins zu stärken.

... und die Bibel

Gott hat es gefallen, leibliche und geistliche Kindschaft miteinander zu verknüpfen, sodass sie einander beeinflussen. Deshalb kann eine gestörte Beziehung zu den Eltern auch die Wahrnehmung der Liebe Gottes beeinträchtigen. Doch die Verbundenheit wirkt natürlich auch im Guten. Jeder Wachstumsschritt in der Versöhnung mit den eigenen Wurzeln kann auch das Vertrauen zum himmlischen Vater stärken. Umgekehrt gilt auch: Wer in seiner Beziehung zu Gott emotional aufgetankt hat, bekommt Schubkraft, die Wurzelschäden seiner Persönlichkeit aufzuarbeiten.

In der Bibel geht es sehr viel um das Thema Kindschaft. Dort werden wir von Gott aufgefordert, sein Kind ***zu sein.*** Es kommt auf das Sein an, nicht auf das Tun. Wir sollen uns nicht als Gottes Berater, Lückenbüßer, Besserwisser engagieren, sondern einfach „nur" die Beziehung als sein Kind leben.

Als Adam und Eva im Sündenfall ihr uneingeschränktes Vertrauen – und damit ihre Kindschaft – aufkündigten, nahm das Unheil seinen Lauf. Seitdem sehnen wir uns nach dem verlorenen Paradies, in dem die Menschen als Gottes Kinder die Geborgenheit bei ihm uneingeschränkt genießen konnten. Diese Sehnsucht wird in Psalm 131 beschrieben: *„Meine Seele ist still und ruhig geworden wie ein kleines Kind bei seiner Mutter."* Was für ein erquickendes Bild ist ein zufriedener Säugling in den Armen seiner Mutter. Für ihn ist die Welt in Ordnung, nicht ein für alle Mal, aber für den Augenblick. Obwohl dieser Zustand von der Wirklichkeit eines Erwachsenen weit entfernt ist, gibt es diese Sehnsucht in unserem Herzen, uns noch mal so sicher zu fühlen. Mit anderen Worten: Wir wollen in der Kindschaft ankommen.

Beobachtungen

Kind zu sein, ist nicht leicht. Neulich sagte mir jemand nach einem Beratungsgespräch: „Jetzt kann ich noch nicht einmal Kind sein." Ich antwortete: „Wieso noch nicht einmal? Es ist bei Weitem nicht kinderleicht." Denn wir arbeiten ja ständig an unserer Unabhängigkeit, weil wir es so fürchten, nicht mehr die Kontrolle zu haben.

Die Herausforderung liegt deshalb darin anzuerkennen, dass unsere Eltern uns das Leben gegeben haben und wir vieles andere von ihnen nehmen dürfen. Das ist der Kern des Eltern-Ehrens, das so oft falsch verstanden wird. Stets geht es dabei um die Würdigung der Bedeutung und die Verbundenheit. Doch häufig wollen wir lieber etwas anderes, als gerade ihr Kind zu sein.

So versuchen wir uns abzugrenzen, indem wir um jeden Preis vermeiden, uns so zu verhalten wir sie. Natürlich vergeblich. Denn wer auf keinen Fall so werden möchte wie ein Elternteil, ist stark mit dessen negativen Seiten in Kontakt und kopiert das Ungewollte dadurch wahrscheinlich erst recht. Und selbst wenn die Abgrenzung im Verhalten gelingt, kommt häufig nichts Gutes dabei heraus. Ich las einmal von einer Schauspielerin, die mit 53 Jahren dank Diäten und mehreren Schönheitsoperationen wie eine 25-Jährige aussah. Ihre 32-jährige Tochter wog mit 150 kg dreimal so viel wie die Mutter. Dabei stellt sich die Frage, für wen sie wohl diese Unmengen aß.

Solche Abgrenzungsversuche sind also zu einem großen Teil erfolglos. Außerdem stärkt es ein Gefühl von Isolation, wenn wir versuchen, uns von unseren Wurzeln zu lösen. Deshalb ist die gegenteilige Variante, das Verbindende zu suchen, für viele Menschen naheliegender.

Auch die Suche nach Ähnlichkeiten zwischen Eltern und Kindern ist in uns tief verwurzelt.

Schon gleich nach der Geburt eines Babys fangen Verwandte an, darüber zu diskutieren, von welcher der beiden Familien das Baby wohl die Nase oder die Augen hat.

Darauf basiert die Verbundenheit natürlich nicht. Auch wenn es um mehr als nur äußere Merkmale geht – wie z.B. um biografische Verläufe –, sind Ähnlichkeiten und Nachahmungsversuche meist nicht gerade stärkend.

Mein Vater hatte auf dem Höhepunkt seiner Schaffenskraft ein gesundheitliches Problem, das man heute wohl als Burn-out betrachten würde. Dass ich es ihm mit etlichen Parallelen nachgemacht habe, brachte uns einander natürlich nicht näher. Allerdings ist bei dem Vergleich unserer Geschichten auch auffällig, dass wir beide ähnlich damit umgegangen sind. Beide sind wir gestärkt aus dieser Zeit hervorgegangen. Das beruht auf einem Potenzial, sich von Niederlagen nicht unterkriegen zu lassen. Darin waren wir uns schon immer ähnlich.

Durch die Nachahmung von Ereignissen kann und muss also keine Verbundenheit gestärkt werden.

Trotzdem kann man manchmal durchaus etwas in Beziehung zueinander tun, ohne dass es negativ bewertet werden müsste. Beispielsweise habe ich den Eindruck, meine Doktorarbeit auch ein Stück für meinen Vater geschrieben zu haben. Das hat mir absolut nicht wehgetan.

Was auch immer wir unseren Eltern gleichtun – wir sollten und brauchen nicht versuchen, dadurch unsere Beziehung abzusichern. Denn der Schatz der Verbundenheit mit unseren Eltern kann uns durch niemanden und keinerlei Umstände genommen werden. Wenn wir uns dennoch nicht verbunden, sondern irgendwie verloren fühlen, sind Versöhnungsschritte nötig, die die vorhandene Beziehung in einem neuen Licht erscheinen lassen.

Was heißt es nun aber, Kind zu sein? Sich Kindsein erarbeiten zu wollen, ist töricht. Ein Kind darf einfach nur *sein*. Diese Gelassenheit des Nehmens fällt dem Kind dann schwer, wenn es den Eindruck hat, dass das Beziehungsnetz, in das es hineingeboren wurde und von dem es existenziell abhängig ist, nicht stabil genug sein könnte. Darum versucht es, irgendwie in die Bresche zu springen. Dass dadurch das Desaster vergrößert statt behoben wird, zeigt das Beispiel von Marina:

Ihre Eltern hatten (auch deshalb) geheiratet, weil sie bereits gezeugt war. Nun war die Ehe ziemlich krisengeschüttelt. Dafür fühlte sich Marina verantwortlich und versuchte noch als Erwachsene immer wieder zwischen den Eltern zu vermitteln. Doch dadurch fühlte sich nicht nur Marina beschwert. Auch die Eltern waren damit nicht glücklich. Erstens half es ihnen nicht, was Marina tat. Und zweitens hatten sie ihr gegenüber auch noch ein schlechtes Gewissen, weil sie spürten, dass es ihrer Tochter in dieser Rolle nicht gut ging.

Die Lösung lag für Marina nun darin, sich auf ihre Position als Kind zu besinnen und die Verantwortung der Eltern, ihre Beziehung zu gestalten, ganz bei ihnen zu lassen. Sie war dafür nicht zuständig – auch nicht für deren Eheschließung. Denn wie könnte jemand für etwas verantwortlich sein, was vor der eigenen Geburt geschah?

So bewahrheitet sich immer wieder eine systemische Gesetzmäßigkeit, die Gott in unsere familiären Beziehungen hineingelegt hat. Jeder kann nur den Platz ausfüllen, auf den er in der Aufeinanderfolge der Generationen gestellt ist. Versuchen wir etwas auf einem anderen Platz (z.B. den der Eltern) zu erreichen, wirkt das auf alle Beteiligten belastend. Es überfordert uns und hilft den anderen nicht, die schließlich auch möchten, dass es uns gut geht.

Zum Einüben

Impuls 1:

Wenn Sie sich unter vielen anderen Menschen befinden, schauen Sie sich um – ganz ohne Aufdringlichkeit oder Bewertung –, ob Sie Eltern mit ihren Kindern sehen können. Überlegen Sie, was diese wohl miteinander verbindet und was sie ganz ähnlich tun. Oder Sie stellen sich vor, welche Eltern die Menschen um Sie herum wohl haben, oder mutmaßen Sie, was für Kinder sie haben könnten und ob überhaupt.

Wenn ein Kind in Not oder Gefahr wäre, würde wohl kaum jemand zögern, zu Hilfe zu eilen. Verfolgen Sie nun den Gedanken, dass Sie auch einmal solch ein Kind waren, das von anderen Menschen (insbesondere von Ihren Eltern) behütet wurde.

Impuls 2:

Lassen Sie folgende Aussage auf sich wirken: Weil niemand die ersten Lebensmonate ohne Zuwendung überleben kann, ist jeder Mensch allein durch seine Existenz ein Zeugnis von elterlicher Liebe. Können Sie das auch für sich so sehen?

Impuls 3 (insbesondere zur Glaubensstärkung):

Wenn Sie morgens aufwachen, könnten Sie der Frage nachgehen, worauf es heute vor allem ankommt. Eine passende Antwort wäre das Stoßgebet: „Dein Kind sein, o Herr." So können Sie sich erinnern: Ich muss nicht alles unter Kontrolle haben, weil mich einer auf seinen Armen trägt, der weitaus größer ist als ich.

Für eine konkrete Schwierigkeit

Impuls 4:

Überlegen Sie sich, was Sie aus Ihrer Kindheit mitbekommen haben, um Ihre Situation zu bewältigen oder gar das Problem zu lösen.

Impuls 5:
Malen Sie sich aus, wie Sie als Kleinkind körperlich und emotional versorgt wurden. Versuchen Sie sich vorzustellen, wie Ihre Eltern oder andere Menschen Sie bestaunt haben, als Sie Ihre ersten Schritte taten oder anfingen, verständliche Worte zu sprechen. Auch wenn später das Staunen über Sie deutlich nachließ, haben Sie doch immer wieder Erstaunliches getan. Fragen Sie sich, ob Sie im Hinblick auf Ihre schwierige Situation andere oder sich selbst durch neue oder neu aktivierte Fähigkeiten noch einmal überraschen könnten.

Aus der Seelsorgepraxis
Michael steht – zusammen mit seiner Frau – vor der Entscheidung, einen Pflegesohn, den sie jetzt drei Jahre in ihrer Familie betreut haben, in eine Jugendhilfeeinrichtung ziehen zu lassen. Obwohl es offensichtlich ist, dass das Pflegekind die Familie immer wieder zu sprengen versucht, fällt es Michael sehr schwer, diesem Schritt tatsächlich zuzustimmen. In der Seelsorgesitzung wird deutlich, dass die Ursachen für diese Schwierigkeit nicht in der Gegenwart zu suchen sind. Auf die Frage, was sein Vater dazu sagen würde, fällt ihm zunächst ein, dass dieser stets ein Durchhalten um jeden Preis für sich und die anderen Familienmitglieder eingefordert hat.

Doch als wir weiter auf seinen Vater schauen, wird für Michael auch deutlich, dass sein Vater möchte, dass es ihm und seiner Familie gut geht. Was sollte er auch für ein Interesse daran haben, dass es seinen Kindern und Enkeln schlecht geht. Außerdem wünscht sich der Vater letztlich nicht, dass sich seine eigene Härte und Kompromisslosigkeit, die sich aus seiner Geschichte ergibt, ewig fortpflanzt.

Michael geht in seiner Vorstellung in Kontakt mit seinem Vater und holt sich die Erlaubnis für seine Entscheidung. Der Vater wird nur zum Teil der Entscheidung seines Sohnes zustimmen. Für den anderen Teil vergewissert sich Michael, dass er seinen eigenen Weg gehen kann – und doch oder gerade dadurch seine Eltern ehrt und mit ihnen gut verbunden bleibt.

3. Einsicht: Unsere Beziehungen sind kostbar und heilig

Eine systemische These ...

„Das Ganze ist mehr als die Summe seiner Teile", sagte Paracelsus. Unser Weg ist mehr als die Schritte, die wir auf ihm gehen. Unser Glück mehr als die Summe erfüllter Wünsche. Unsere Traurigkeit mehr als das, was sich aus Verlusterfahrungen ergibt. Denn nicht die Einzelerfahrung ist von Bedeutung, sondern die Verbindung zwischen Erlebnissen, die unsere Lebensgeschichte bestimmen. So macht nichts für sich genommen Sinn. Entscheidend ist die Beziehung zu allem oder allen anderen. Deshalb sind uns unsere Beziehungen so überaus wertvoll.

In dem Beziehungsgeflecht sind wir nun – egal, wie bedeutungsvoll wir uns gerade fühlen – unverzichtbar.

Das Gleichgewicht in einem Atom ginge verloren, wenn nur ein einziges noch so kleines Teilchen fehlte. Auch in einem Beziehungsgeflecht kann niemandem sein Platz streitig gemacht werden, ohne dass es sich negativ auf das Ganze auswirkt. Diese Belastung schlägt sich dann in irgendeinem problematischen Symptom nieder. Versucht jemand, eine Person des Systems durch Ignoranz oder Hass loszuwerden, fällt das stets auf ihn zurück. Es ist gut, dass es solche systemischen Effekte gibt, weil sie dafür sorgen, dass kein Mensch ungestraft völlig unbeachtet bleibt. Das Wissen darum reduziert unsere Angst, vielleicht doch durch alle Beziehungsnetze fallen zu können – auch wenn uns diese Gesetzmäßigkeit gar nicht bewusst ist.

... und die Bibel

Die erste Segnung, die der Mensch unmittelbar nach seiner Erschaffung von Gott erfuhr, war nicht nur mit der Paarbeziehung, sondern auch mit der Beauftragung zur Familiengründung verknüpft (vgl. Gen. 1, 27,28). Gott segnete also nicht nur das Individuum, sondern zugleich die Beziehung der Individuen zueinander. Dieses Miteinander ist demnach ein gesegnetes und geheiligtes Geschenk aus dem Paradies. Seitdem steht kein Mensch außerhalb aller zwischenmenschlichen Beziehungsnetze – auch wenn es sich nicht selten danach anfühlt.

Unsere Herausforderung besteht nun darin, an die Wertschätzung, die Gott für unsere Beziehungen aufbringt, anzudocken.

Beobachtungen

Besonders zu Beginn und zum Ende unseres Lebens wird durch unsere Abhängigkeit offensichtlich, wie wichtig Beziehungen für unser (Über-)Leben sind. In den langen Jahrzehnten dazwischen, in denen wir selbstständig leben können, liegt unser Fokus vermehrt auf dem Erbringen von Leistungsnachweisen. Wenn uns aber deutlich wird, dass diese nur kurzzeitig von Bedeutung sind, bekommen wir wieder eine Ahnung von dem Wert unserer Beziehungen. Was gilt es zu beachten?

Das Leben fragt uns immer wieder, worauf es im Grunde ankommt. Der Film „Good Will Hunting" handelt von einem jungen Mann, der im untersten Milieu Bostons lebt und durch schreckliche Erfahrungen stark beziehungsgestört ist. Gleichzeitig ist er so hochbegabt, dass er schlauer als die klügsten Harvard-Professoren ist. In der Auseinandersetzung über seine Bestimmung stoßen Welten mit ganz unterschiedlichen Wertesystemen aufeinander. Ist es seine Schuldigkeit, sein Wissen an die Menschheit weiterzugeben? Oder spielt das alles gar keine Rolle, weil er in seiner Beziehungsunfähigkeit bleiben würde, wenn er sich jetzt hinter einem Schreibtisch verkriechen würde? Sein Psychiater fragt ihn auf verschiedenen Wendungen seines Weges: „Ist es das, was du wirklich willst?" Obwohl sich der Zuschauer vorerst wünscht, dass Will Hunting sein Talent auch einsetzt, willigt er zum Schluss ganz ein, dass der junge Mann die Karriere zugunsten einer Partnerschaft aufgibt. Schließlich hat er sich für die schwierigste und gleichzeitig schönste aller Aufgaben entschieden.

Wir ermessen oft nicht, was es heißt, unseren Weg nicht allein gehen zu müssen. Dass das Alleinsein des Menschen nicht gut ist, macht Gott schon gleich nach dessen Erschaffung deutlich (vgl. Genesis 2,18). Außerhalb des (mit Gottes Anwesenheit erfüllten) Paradieses würde diese Feststellung eine maßlose Untertreibung darstellen. Totales Alleinsein wäre hier kaum auszuhalten. Für dieses Alleinsein ist jedoch nicht entscheidend, wie viele Menschen uns umgeben. Es kann als wohltuend erlebt werden, sich aus freien Stücken von anderen zurückzuziehen. Damit ist unsere emotionale Verbundenheit ja nicht aufgelöst. Deshalb kann sich auch der Eremit aufgehoben fühlen. Bedenken wir: So wie Fasten etwas völlig anderes ist als Hungern, ist der Wunsch, einmal allein zu sein, etwas völlig anderes als sich verlassen zu fühlen.

Alleinsein hieße hingegen, von dem Eindruck beherrscht zu werden, auf keinen anderen Menschen bezogen zu sein, beziehungslos aufgespannt zwischen dem staubigen Boden unter den Füßen und dem endlosen Himmel über dem Kopf. Dieses Gefühl, völlig verloren zu sein, halten wir nicht lange aus. Würde sich unser Schöpfer ganz von uns zurückziehen, brächen unsere Beziehungsnetze zusammen und der Totalausfall aller ermutigenden Emotionen ließe uns die Hölle auf Erden erleben. Solch einer Gottverlassenheit sind wir nicht ausgesetzt. So viel ist sicher.

Besonders fatal ist, dass wir leicht übersehen, wie heilig Gott unsere Beziehungen sind.

Zu Beginn des Neuen Testaments wird Maria und Josef die Geburt Jesu angekündigt. Gott geht äußerst behutsam vor, um die Beziehung der beiden zueinander nicht zu gefährden oder gar zu zerstören. So schickt er nicht nur einen Engel zu Maria, sondern er begegnet auch Josef, damit dieser Maria nicht verlässt. So unantastbar ist für Gott ihre Partnerschaft, selbst in diesem Handeln von global-galaktischer Dimension.

Noch am Kreuz widmet sich Jesus mit einem seiner letzten Worte dem Beziehungsnetz der Maria und stärkt es, indem er Johannes beauftragt, für sie zu sorgen. Wir hätten befürwortet, wenn alle Konzentration von Jesus in seiner Todesstunde dem alles entscheidenden himmlischen Auftrag gegolten hätte. Doch Jesus sind familiäre Beziehungen niemals nebensächlich, sondern nicht weniger heilig und bedeutsam als seine Erlösungstat zur Rettung der Menschheit. Für ihn wäre ein noch so hoch angebundener geistlicher Auftrag kein Grund, eine zwischenmenschliche Beziehung auch nur im Geringsten zu beschneiden.

Wenn Gott gegenüber unseren Beziehungen von höchstem Respekt oder gar von Ehrfurcht bestimmt ist, geschieht etwas Entscheidendes, wenn auch uns diese Haltung erreicht. Dann sind wir weit darüber hinausgewachsen, nur instinktiv unserem Bedürfnis nach Beziehungen zu folgen. Nun legen wir unsere ganze Kreativität und Begeisterungsfähigkeit in die Gestaltung der Beziehung.

Zum Einüben

Impuls 1 (insbesondere zur Glaubensstärkung):

Beobachten Sie, für welchen Ihrer Angehörigen (aus der Herkunfts- oder jetzigen Familie) Sie folgenden Gedankengang gehen wollen: Meine Beziehung zu ihm/ihr ist Gott heilig und wird von ihm/ihr überaus wertgeschätzt.

Sie könnten Gott bitten, Ihnen zu helfen, mit noch mehr Ehrfurcht auf Ihre wichtigsten Beziehungen zu schauen.

Impuls 2:

Versuchen Sie, einen Menschen, der zu Ihrer Familie gehört oder für den Sie einmal Ihr Herz weit geöffnet haben, durch Ignorieren oder Ablehnung aus Ihrem Leben zu streichen. Beachten Sie, dass diesem Menschen ein Platz in Ihrem Herzen zusteht – auch wenn Ihre Lebenswege vielleicht weit auseinandergegangen sind.

Für eine konkrete Schwierigkeit

Impuls 3:

Wenn Sie an die Beziehung(en) denken, die in dieser Problematik eine Rolle spielen, können Sie dem Gedanken folgen, wie Gott auf diese schaut? Er hat nicht nur größte Wertschätzung für diesen anderen Menschen, sondern auch für die Verbindung zwischen Ihnen.

Aus der Seelsorgepraxis

Die Seelsorgerin bringt der Ratsuchenden höchste Wertschätzung entgegen. Dieser Respekt beruht auf der Überzeugung, dass die Beziehungen nicht nur Quelle ihrer Probleme sind, sondern auch ihr wertvollster Schatz. Ohne diese Beziehungen würde die Ratsuchende nämlich unter unerträglichen Einsamkeitsgefühlen leiden. Deshalb gilt der Respekt der Seelsorgerin auch den Beziehungen der Ratsuchenden.

Dazu ein Beispiel:
Barbara wunderte sich, weshalb sie schon als Kind von Traurigkeit befangen war, was sie so auf Friedhöfe zog und weshalb sie nicht insgesamt ein leichteres Lebensgefühl hatte. Vor einiger Zeit hatte sie ihre Mutter gefragt, ob irgendetwas Schlimmes passiert sei, das vielleicht in ihrem Unterbewussten betrauert wird. Nach einigem Zögern erzählte ihre Mutter, dass sie zwischen ihrem älteren Bruder und Barbara noch eine Schwangerschaft hatte und das Kind unmittelbar nach der Geburt gestorben sei. Weil der Tod für die Eltern so schmerzvoll war, wurde dieses Kind – ein Mädchen – totgeschwiegen und nicht mitgezählt, wenn sie nach der Zahl ihrer Kinder gefragt wurden.

Nun sorgte ihre Schwester Barbara durch ihre schweren Gefühle noch einmal für Aufmerksamkeit, um einen Ausgleich für die fehlende Würdigung zu schaffen. Von dieser Verantwortung wollte sich Barbara nun lösen. Ein systemischer Prozess half dabei, ihre Gefühle zu sortieren. So musste sie nicht mehr das Trauern für ihre Eltern übernehmen und konnte sich mit dem Verlust ihrer Schwester versöhnen. Barbara konnte dann ihre Mutter dazu bewegen, gemeinsam mit ihr den Platz, an dem das Kind begraben wurde, aufzusuchen. Als die Mutter dort sehr weinte, zog sich Barbara zurück. Sie wusste, dass ihre Mutter die Trauer gut tragen konnte und für sie nichts zu tun war. Sie hatte gelernt, dass sie ihrer Mutter als ihr Kind nichts von ihrem Schicksal abnehmen musste.

4. Einsicht: Eine Frucht der Verbundenheit ist unsere Intuition

Eine systemische These ...

Die Sprache ist sehr wichtig für uns. Doch nur 10% der Kommunikation geschieht durch Worte. Ein ebenso geringer Bruchteil ist uns von unseren seelischen Prozessen überhaupt nur bewusst, sodass wir sie verbal nicht ausdrücken können. Deshalb reicht es für Problemlösungen oft nicht aus, ausschließlich über das zu reden, was uns bewusst ist.

Aufgrund dessen bedient sich die systemische Arbeit Instrumenten, bei denen – oft mit Unterstützung von Körperwahrnehmungen – Unbewusstes intuitiv erfasst wird. Bei der Intuition handelt es sich um eine ganz natürliche Fähigkeit, mit der uns Gott ausgestattet hat. Diese Möglichkeit, voneinander auch über den sprachlichen Austausch hinaus etwas wahrzunehmen, ergibt sich aus unserer Verbundenheit.

... und die Bibel

Paulus wünscht den Ephesern, dass Gott ihnen erleuchtete Augen des Herzens gebe, um die Hoffnung, zu der sie berufen sind, deutlicher wahrzunehmen (vgl. Epheser 1,15-19). Mit dem Herzen zu sehen, ist als eine Gabe zu verstehen, die Gott in uns hineingelegt hat, als er uns erschuf. Sie kann zur Entfaltung kommen, wenn wir bereit sind, uns auch emotional auf etwas einzulassen. Tatsächlich können wir Gott nicht mit den Augen, sondern nur mit dem Herzen sehen. Genauso kommt es auch in der zwischenmenschlichen Begegnung oft nicht auf das an, was ins Auge springt.

Beobachtungen

Es ist ein Irrtum, dass wir uns nicht verstehen.

Neugierig nahm ich auf einer Buchmesse ein Buch mit dem Titel „Was Männer über Frauen wissen“ zur Hand. Doch es stand nichts drin. Buchstäblich nichts. Hundert leere Seiten.

Natürlich wird ein Mann niemals eine Frau ganz verstehen – (was in umgekehrter Richtung genauso gilt). Andererseits: Wenn wir miteinander verbunden sind, gibt es viele Möglichkeiten, einander zu verstehen.

So weiß meine Frau beispielsweise oft, was ich nicht ausgesprochen habe. Und wenn wir entspannt sind, bedarf es keiner Erklärungen, was wir einander Gutes tun können. Kleinste nonverbale Signale, die oft gar nicht auszumachen sind, reichen völlig aus.

Meistens ist mir das angenehm, manchmal jedoch nicht. Neulich wünschte sich meine Frau zu fortgeschrittener Stunde gemeinsam mit mir eine Gardinenstange anzubringen. Ich wollte ihr verbergen, dass ich jetzt gar keine Lust mehr dazu hatte. Es ist müßig zu sagen, dass mir das nicht gelang.

Auch ohne Kommunikationsmittel ahnen wir, wie es dem anderen in der Ferne geht.

Neulich kam ich Samstagabend von einer Reise zurück und wollte am nächsten Morgen in unserer Gemeinde predigen. Meine Frau, die gerade 800 km von mir entfernt war, muss gespürt haben, dass ich die Umstellung auf die Sommerzeit nicht im Blick hatte. Ihr Extraanruf mit einer korrekten Zeitansage bewahrte die Gemeinde davor, eine Stunde auf ihren Prediger warten zu müssen.

Ähnlich ging es mir, als ich mich vor etlichen Jahren näher mit der Ursprungsfamilie unserer drei älteren Pflegekinder auseinandersetzte und daraufhin versöhnlicher auf deren leibliche Eltern schaute. Der dadurch entstandene innere Frieden führte dazu, dass ich nun in der Lage war, unseren Kindern mein uneingeschränktes Einverständnis zu geben, sich auf ihre Eltern zuzubewegen. Ich redete jedoch vorerst mit niemandem darüber. Einige Wochen später rief mich unsere älteste Pflegetochter aus den USA an und erzählte von ihrer Idee, sich doch mal ihrem leiblichen Vater zu nähern. Ohne dass wir miteinander darüber kommuniziert hatten, muss sie gespürt haben, dass ich nun ganz und gar mit diesem Schritt einverstanden war.

Solche Wahrnehmungsmöglichkeiten stehen uns allen zur Verfügung. Sie sind nicht von Intelligenz abhängig und haben nichts mit außergewöhnlichen oder gar übernatürlichen Fähigkeiten zu tun.

Das Leben unserer Familie begleitete 13 Jahre lang unser Hund Max. Nur während der Urlaubsreisen wurde er von unserem Nachbarn verwöhnt. Dieser berichtete uns, dass Max immer ganz aufgeregt wurde, wenn der Tag unserer Rückkehr anbrach. Er konnte nicht wissen, wann wir zurückkommen würden, denn wir waren 3, 10, 14 oder auch 20 Tage unterwegs. Jede andere Erklärung für dieses Phänomen ist abenteuerlicher als diese: Aufgrund unserer Verbundenheit hat Max gespürt, dass wir uns auf den Heimweg gemacht hatten.

Solche auf unsere Verbundenheit beruhenden Phänomene hören sich für manchen etwas mysteriös an. Doch im Grunde handelt es sich um ganz normale Alltagsbeobachtungen. Vielleicht sind wir manchmal allzu versessen auf gesprochene und geschriebene Worte. Denn für unsere wichtigsten Beziehungen wird das Entscheidende ganz ohne Worte ausgedrückt.

Bei alledem müssen wir unseren Verstand nicht an der Garderobe abgeben. Da kommt es mir als wissenschaftlich denkender Mensch sehr entgegen, dass es in der Hirnforschung bereits Erklärungen für ein Verstehen und Mitfühlen gibt, das keiner Worte und Erklärungen bedarf. Sogenannte Spiegelneuronen in unserem Gehirn versetzen uns in die Lage zu spüren, was in einem anderen Menschen vorgeht.

Für die Erklärung von Wahrnehmungen über große Entfernungen hinweg baut die Wissenschaft Brücken. So schreibt der Experimentalphysiker Anton Zeilinger:

> *„Das nach seinen Erfindern benannte Einstein-Podolyky-Rosen-Paradoxon besagt, zwei Teilchen können so stark miteinander verbunden sein, dass eine Messung an einem der Teilchen sofort die entsprechenden Eigenschaften des zweiten Teilchens festlegt. Dabei ist es völlig egal, wie weit die beiden voneinander entfernt sind. Einstein*

sprach hier noch von ‚geisterhaften Fernwirkungen'; heute wird das Phänomen seriöser Nichtlokalität genannt."[6]

Diese intuitive Wahrnehmung für einen anderen Menschen oder ein System steht uns nur zur Verfügung, wenn wir – fernab von Neugier oder Kontrollausübung – großen Respekt vor der Persönlichkeit und Unergründlichkeit anderer Menschen aufbringen und von der Sehnsucht nach heilsamen Schritten für alle Beteiligten bestimmt sind.

Zum Einüben

Impuls 1:

Achten Sie einmal darauf, wo Sie auf Anzeichen von Verbundenheit stoßen. Vielleicht beobachten Sie an anderen, wie stark z.B. Eltern und Kinder aufeinander reagieren. Oder es fällt Ihnen bei sich selbst auf, wie Ihnen etwas intuitiv klar wurde, was sich dann als zutreffend bestätigte: dass etwas Bestimmtes den anderen gerade bewegt, dass dies oder jenes jetzt gleich passieren wird oder dass jemand Ihnen zustimmt oder Sie ablehnt.

Können Sie in Ihrem Leben entdecken, dass Sie von dieser Art der Wahrnehmung profitiert haben? Wo können Sie diese Gabe der Intuition noch stärken bzw. vermehrt einsetzen?

Impuls 2:

Beobachten Sie einmal, wie leicht es Ihnen fällt, die unausgesprochenen Bedürfnisse eines bestimmten Menschen zu erahnen! Beachten Sie dabei den Unterschied zwischen zwei Umständen:

- Sie sind ganz entspannt. In Ihrer Beziehung schöpfen Sie aus dem Vollen, weil jeder darauf bedacht ist, den anderen zu beglücken.
- Sie sind sehr gestresst und befürchten, zu kurz zu kommen – in Ihrer Beziehung und auch sonst.

6 Zitiert in: Jacobsen, Olaf: Ich stehe nicht mehr zur Verfügung. Aitrang 2008. S. 22.

Berücksichtigen Sie diesen Unterschied. In den angespannten Situationen sind mehr Worte nötig, denn in der Entspannung ist Ihre Wahrnehmung verlässlicher.

Impuls 3 (insbesondere zur Glaubensstärkung):
Bedenken Sie – wenn möglich mit einer Portion Staunen und Dankbarkeit –, wie Gott uns mit Fähigkeiten unserer intuitiven Wahrnehmung ausgestattet hat, die wir noch lange nicht ausgeschöpft haben.

Für eine konkrete Schwierigkeit

Impuls 4:
Was sagt Ihnen Ihr intuitives Gespür über die Haltung einer anderen Person, die in dieser Situation agiert? Halten Sie Ihre Wahrnehmung nicht für die Wahrheit, sondern beobachten Sie, ob sich eine Vermutung bestätigt. Bedenken Sie wiederum, dass Ihre Intuition zeigt, wie stark Sie miteinander verbunden sind. Darin zeigt sich, dass Sie einander wichtig sind.

Aus der Seelsorgepraxis

Unter Systemikern haben sich mittlerweile unüberschaubar viele Varianten der Aufstellungsarbeit herausgebildet, durch Intuition Zugang zu den unbewussten Anteilen zu bekommen, die der Lösung dienen sollen.[7]

In der hier vorgestellten Systemischen Seelsorge ist dies auch ohne Gruppe in der Einzelberatung möglich. Es werden einfache DIN-A4-Blätter – genannt Bodenanker – zur Veranschaulichung der Beziehung zu einzelnen Personen, Elementen und manchmal auch zu Gott im Raum ausgelegt. Diesen Positionen spüren Seelsorgerin und Ratsuchende nach und kommen so zu neuen Einsichten.

Ein einfaches Beispiel soll andeuten, welche Wirkung es haben kann, eine Beziehung in einer Aufstellung nachzubilden: Ich brachte als Teilnehmer eines Aufstellungsseminars die Frage ein, ob wir un-

7 Mehr dazu in meinem Buch: Endlich einen guten Platz. Familienaufstellungen als Weg zu versöhnten Beziehungen. Brendow Verlag 2006. Bei ISBUS zu beziehen. Die Adresse findet sich auf Seite 149 dieses Buches.

sere mittlerweile volljährige Pflegetochter in die Selbstständigkeit entlassen sollten. Es stellte sich eine Repräsentantin für sie zur Verfügung, während ich mich selbst ihr gegenüberstellte. Daraufhin sagte die Repräsentantin unserer Pflegetochter zu mir: „Was ist denn mit mir los, dass du mich anschaust, als würdest du mir nichts zutrauen? Fehlt mir ein Arm oder ein Bein?"

In diesem Moment war mir klar, dass es trotz mancher Befürchtungen an der Zeit war, sie ihren Weg ziehen zu lassen. Noch am selben Abend überlegten wir zusammen mit unserer Pflegetochter, wie die Loslösung und räumliche Trennung allmählich vonstattengehen könnte.

Ausrichtung: Ressourcen

Wir sollten davon ausgehen, dass es in jeder noch so schlimmen Lage Ressourcen gibt, die wir noch nicht entdeckt und deswegen auch nicht genutzt haben. Systemisches Denken kann als eine Entdeckungsreise zu diesen brachliegenden Kraftquellen verstanden werden. Dabei entwickeln wir automatisch mehr Wertschätzung für die Situation, für uns selbst und unsere Handlungsmöglichkeiten, unsere Verbindung zu anderen sowie dem unermesslich liebenden Gott.

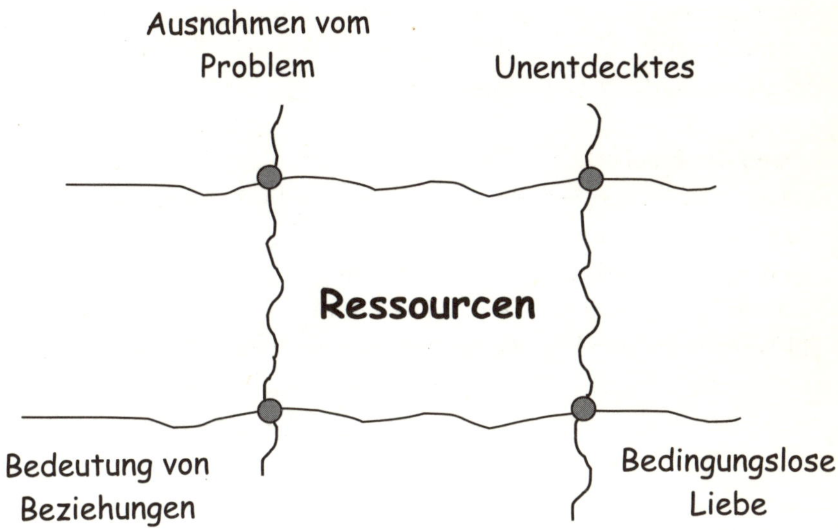

5. Einsicht: Es gibt stets Ausnahmen vom Problem

Eine systemische These ...

Zuweilen verfangen wir uns in der Auffassung, manche unserer Probleme seien so bedrohlich, dass wir sie möglichst immer im Auge behalten sollten. Damit bekommen sie natürlich sehr viel Aufmerksamkeit und damit auch Macht.

Die Situation, in der wir uns eine Veränderung wünschen, beinhaltet jedoch nicht nur ein Defizit, sondern auch ein Potenzial. Deutlich wird das durch Aspekte oder Phasen in der Vergangenheit, in denen das Problem weniger gravierend war oder als nicht so belastend wahrgenommen wurde. Damit stoßen wir auf die sogenannten Ausnahmen vom Problem. In ihnen können Ressourcen gefunden werden, die es stärker zu nutzen gilt.

... und die Bibel

„Alles ist eitel", sagt der Autor des Buches Prediger (Kapitel 1,2 ff.). Zu diesem Eitlen, d.h. zeitlich Begrenzten und Vorübergehenden, gehören auch unsere Probleme. Auf Erfahrungen, in denen das Problematische entmachtet ist, konzentriert sich die Bibel permanent. Beispielsweise wird durch all die Jahrtausende das Volk Israel durch biblische Feste getragen, die den Jahres- und Lebensrhythmus bestimmen. Gott möchte damit an sein errettendes Handeln erinnern – mit anderen Worten: an die Ausnahmen von der Bedrängnis.

Beobachtungen

Die Schöpfung ist ebenso wie unser seelisches und soziales Erleben von Bewegungen bestimmt, in denen wir die Ausgewogenheit zwischen zwei gegensätzlichen Polen suchen.

Stellen wir uns vor, dass wir in ein Ruderboot steigen. Da eines der beiden Ruder näher liegt, greifen wir mit beiden Händen zu und legen uns ins Zeug. Daraufhin kommen wir mit unserem Boot ins

Rotieren. An unser Ziel gelangen wir auf diese Weise nicht. Dass wir dieses eine Ruder immer heftiger bewegen, ändert nichts daran, dass wir dort, wo wir mit all unseren Anstrengungen hinwollen, so niemals ankommen. Und das geschieht „nur" deswegen, weil wir die andere Seite kräftig vernachlässigt haben.

Tatsächlich fokussieren wir uns häufig hauptsächlich auf unsere Probleme. Ganz so, als würde es Spaß machen, immer um sie herumzurudern und sich im Kreis zu drehen. Nicht, dass wir es so wollen, aber wir meinen es zu müssen. Dabei vergessen wir, das bereits Gelungene und Geschenkte zu würdigen.

Dies zeigt sich in ganz alltäglichen Situationen: Neulich habe ich während eines Seminars in einem Zimmer gewohnt, das freundlich, warm, hell, geschmackvoll eingerichtet und sauber war. Allerdings war im WC der Ventilator fast so laut wie ein Helikopter. Wie würden Sie nach dieser Beschreibung die Qualität des Zimmers einschätzen? Welche Aussage bleibt Ihnen im Gedächtnis? Die fünf positiven Aspekte werden es schwer haben, sich gegen den einen negativen durchzusetzen.

Wenn wir Schlagseite zu der Problemorientierung haben, ist für eine realistische Wahrnehmung ein bewusstes Gegensteuern unerlässlich – also eine Konzentration auf die Ressourcen.

Natürlich ist es auch nicht sinnvoll, ohne jegliches Problembewusstsein in einem Wolkenkuckucksheim zu leben. Die eher selten anzutreffenden Menschen, die zu dieser Schieflage neigen, nehmen für ihren Realitätsverlust kaum Hilfe in Anspruch oder lesen auch nicht Bücher über Systemische Seelsorge. Deshalb haben wir in der Regel nicht zu befürchten, die Defizite aus dem Auge zu verlieren und mithilfe einer rosaroten Brille in ein plumpes positives Denken abzurutschen.

Gerade in Krisen können wir leicht übersehen, dass die momentanen schweren Erfahrungen nicht die ganze Geschichte beschreiben, sondern dass es in diesem Zusammenhang leichtere, vielleicht auch ausgesprochen wohltuende Phasen gab und wieder geben könnte.

Mit unserer ältesten Pflegetochter hatten wir eine sehr schöne Zeit, bis sie etwa 13 Jahre alt wurde. Dann sprach sie zweieinhalb

Jahre fast gar nicht mehr mit mir. Sei es, dass sie ein Thema mit ihrem leiblichen Vater an mir abarbeitete oder andere seelische Verarbeitungsprozesse dazu führten. Es war für sie wohl ebenso anstrengend wie für mich.

In dieser Zeit hatte ich vor Augen, dass es eine Zeit vor der Krise gab, an die ich mich gerne zurückerinnerte. Das gab mir das Vertrauen, dass es eine ebenso glückliche Phase wieder geben würde. Mit 16 Jahren verbrachte unsere Tochter einige Monate in den USA. Als ich sie vom Flughafen abholte, wussten wir in der Sekunde des Wiedersehens, dass gerade ein ganz neues Kapitel in unserer Beziehung aufgeschlagen wurde. Was war das plötzlich – und doch nicht völlig unerwartet – für eine Erleichterung!

Wie stark ein Problem empfunden wird, ist natürlich im Laufe einer kurzen Zeiteinheit wie einer Woche oder eines Tages Schwankungen unterworfen. Deshalb können auch in guten Phasen der Gegenwart Ausnahmen vom Problem und damit Lösungsansätze gefunden werden.

Darüber hinaus gibt es noch ein Meisterstück bei der Ressourcensuche. Hier unterstellt man, dass gerade in dem Verursacher des Problems eine Ressource liegen könnte. Dazu sei ein Fall von dem vielleicht genialsten Psychotherapeuten, den das letzte Jahrhundert hervorgebracht hat, wiedergegeben: Milton Erickson. Aufgrund einer Behinderung saß er im Rollstuhl und ist doch mit vielen Menschen weit gegangen.

Eine Frau kam zu ihm, die den Eindruck hatte, durch eine Zahnlücke erschreckend auszusehen, und dadurch erhebliche Beziehungsprobleme hatte. Sollte die Therapie nicht erfolgreich sein, wollte sie sich das Leben nehmen.

Erickson muss sich gedacht haben: Wenn die Zahnlücke nun mal da ist, muss sie doch zu etwas gut sein. Er übte mit ihr, Wasser durch den Zwischenraum zu spritzen.

So sollte sie den Kollegen, mit dem sie in einem Raum arbeitete, ohne dass die beiden je ein Wort miteinander gesprochen hätten, bespritzen.

Dieser fand das offenbar lustig. Sie kamen ins Gespräch, lernten sich immer näher und schließlich ganz nah kennen.

Jahre später bekam Milton Erickson einen Brief von ihr mit einem Familienfoto. Vier Kinder lächelten den Betrachter breit an. Darunter stand: „Wie du siehst, Milton, sind drei von meinen Kindern mit einer Zahnlücke gesegnet."

Wenn wir die Ressourcen entdeckt haben, sollten wir ihnen auch Raum geben. Zwei Vorgehensweisen sollen hier erwähnt werden:

In der Bibel werden wir nachdrücklich dazu aufgefordert, nicht zu vergessen, was Gott uns Gutes getan hat (vgl. u.a. Ps. 103, 2), da dies für unseren Glauben überlebenswichtig ist. Doch natürlich ist die Erinnerung an gute Erfahrungen auch für unsere seelische Gesundheit unverzichtbar. Weshalb sonst schaffen wir uns mithilfe von Fotos oder Ähnlichem Stützen für unsere Erinnerungen?

Noch selbstverständlicher, als wir Kariesprophylaxe betreiben, sollten wir deshalb etwas tun, um dem Verfallen in Negativismus oder gar Depressionen vorzubeugen.

Wenn wir Ausnahmen vom Problem gefunden haben – also Situationen, in denen das Problem weniger schwerwiegend ist –, ist dafür zu sorgen, dass solche Erfahrungen häufiger vorkommen. Dazu fragen wir uns, was zu diesen Ausnahmen geführt hat und wie sich solche Vorraussetzungen immer wieder herstellen lassen.

Zum Einüben

Impuls 1:

Wenn Ihnen das nächste Mal jemand etwas erzählt, beobachten Sie die positiven und negativen Aspekte des Gesagten. Achten Sie darauf, was Ihnen im Gedächtnis bleibt und welche Gesamteinschätzung Sie vornehmen. Überprüfen Sie, ob diese Wahrnehmung ausgewogen und damit realistisch ist oder ob Sie dem Negativen mehr Beachtung schenken als dem Positiven.

Für eine konkrete Schwierigkeit

Impuls 2:

Lassen Sie folgendes Zitat auf sich wirken: „Zwei Menschen schauen durchs Gitter in die Ferne. Der eine sieht Morast, der andere Sterne."

Was springt Ihnen schneller ins Auge, wenn Sie auf Ihre jetzigen Lebensumstände schauen – der Morast oder die Sterne? Und welche Auswirkungen hat diese Blickrichtung? Möchten Sie daran etwas verändern?

Impuls 3:

Fragen Sie sich:

- Welche Ausnahmen vom Problem gibt es bereits?
- Was ist im Moment gut? Was kann so bleiben?
- Wie haben Sie das geschafft/bewältigt/überlebt?
- Da haben Sie sich ja schon bewiesen, wie ...
- Was ist Ihnen in diesem Zusammenhang bereits gelungen?
- Wann ist das Problem nicht oder weniger aufgetreten?
- Welche Lösungen haben Sie schon selbst gefunden?

Impuls 4 (insbesondere zur Glaubensstärkung):

Womöglich sind Sie damit vertraut, dass Ihnen gerade für schwierige Lebenssituationen die Unterstützung Gottes zugesagt ist. So sind Sie eingeladen, auch in der verkorksten Situation eine unentdeckte Ressource zu vermuten. Unterstellen Sie für einen Moment, dass auch diese Umstände für irgendetwas gut sind – auch wenn Sie jetzt keine blasse Ahnung haben, worin dieser verborgene Sinn und Gewinn bestehen könnte.

Vielleicht wollen Sie sich einmal vorstellen, wie Gott und seine Boten dem Zeitpunkt entgegenfiebern, an dem auch Sie die verborgene Ressource erkennen und für Ihr Denken, Fühlen und Handeln nutzen.

Aus der Seelsorgepraxis

Wenn eine Ratsuchende das Problem und dessen Ursachen ganz genau beschreiben kann, schenkt die Seelsorgerin diesen Ausführungen nicht mehr Beachtung, als es für die Beziehung zur Ratsuchenden nötig ist. Die Aufmerksamkeit liegt nicht hauptsächlich auf dem Problem, sondern auf den Ressourcen der Situation in der Geschichte, die die Ratsuchende bereits durchlebt hat. Deshalb wird nicht das Symptom und dessen Ursachen untersucht – z.B. „Weshalb haben Sie eigentlich so große Angst vor ...?" Vielmehr wird würdigend nachgefragt: „Was hat Ihnen geholfen, trotz dieser Angst Ihren Alltag zu bewältigen?"

Man könnte einwenden, dass die Ratsuchende ihr Problem präsentieren will und sich nicht ernst genommen fühlt, wenn es kaum beachtet wird. Doch sie wird reichlich „entschädigt", indem die Seelsorgerin sich sehr für ihre Persönlichkeit und deren Entfaltungsmöglichkeiten interessiert. Eine solche Wertschätzung kann die Ratsuchende mehr gebrauchen als bloßes Mitgefühl.

6. Einsicht: Manche Ressourcen sind noch gänzlich unentdeckt

Eine systemische These ...
Nicht nur die Ausnahmen vom Problem in der Vergangenheit, sondern auch die in Gegenwart und Zukunft verbleibenden Möglichkeiten erschließen uns Ressourcen, die der Hilflosigkeit etwas entgegensetzen. Schon wenn ein Mensch Hilfe in Anspruch nimmt, ist er ein Stück aus der apathischen Auffassung herausgetreten, handlungsunfähig zu sein. Das mag geringfügig erscheinen und kann sich doch als ein Samenkorn erweisen, aus dem unvermutet Neues erwächst.

... und die Bibel
Gott will uns vor Augen führen, dass wir den schwierigen Situationen nicht so sehr ausgeliefert sind, wie es sich manchmal anfühlt. Gott, dessen Tun von einer unermesslichen Freiheit bestimmt ist, möchte seine Kinder daran teilhaben lassen.

So ist es für viele bedrückte Menschen eine hoffnungsvolle Perspektive, mit dem Psalmisten beten zu können: *„Du hast meinen Fuß auf weiten Raum gestellt“* (Ps. 31,9).

Die biblische Einladung, sich auf die verbleibenden Kapazitäten zu konzentrieren, zeigt sich besonders in der Aufforderung zur Dankbarkeit, die die Bibel durchzieht. Für Paulus ist Dankbarkeit nicht immer an besondere Highlights gebunden, sondern vielmehr eine Grundhaltung (vgl. z.B. 1. Thess. 5,18; Phil. 4,4-6; Eph. 5,4). Selbst das Schlimmste kann uns immer noch zum Besten dienen – also gerade zusätzliche Handlungsmöglichkeiten erschließen. Man mag einwenden, dass dies übertrieben und in diesem Ausmaß überflüssig ist. Keineswegs. Wie hätte Paulus all seine Erfahrungen, die normalerweise den sicheren Tod bedeuteten, psychisch ohne posttraumatische Belastung überstanden, wenn er nicht zu allen Geschehnissen eine außergewöhnlich dankbare und damit ressourcenorientierte Grundhaltung gehabt hätte? Was das bewirken kann, zeigte sich beispielsweise, als er zusammen mit Silas in Philippi ins Gefängnis geworfen und in einen Stock gesperrt wurde (Apg. 16,23-24).

Damit hatten die beiden Nachfolger Christi scheinbar keinerlei Handlungsspielraum. Doch nachdem ihr Ärger über die unkomfortable Unterbringung verraucht war, lobten sie um Mitternacht Gott. Denn sie hatten sich erinnert, dass Gott keineswegs durch die Inhaftierung seiner Diener in seinen Kapazitäten eingeschränkt war. Durch ihr Vertrauen – oder genauer gesagt ihre Beziehung zu Gott – kamen deshalb auch für Paulus und Silas unermesslich viele Bewegungsmöglichkeiten zur Entfaltung.

Daraufhin drehte sich alles: Der Gefängnisdirektor erkannte, dass diese beiden Insassen in Ketten noch freier waren, als er es jemals gewesen war. Deshalb fiel er zu ihren Füßen und sprach sie ehrfurchtsvoll mit „meine Herren“ an. (V. 30)

Beobachtungen

Viele Jahre habe ich mich mit dem Phänomen Stress beschäftigt. Da dieses Wort zunächst nichts anderes als Anspannung bedeutet und deshalb nicht zwangsläufig negativ ist, liegt die Frage auf der Hand, was die Anspannung eigentlich stressig, also richtig unangenehm oder gar belastend macht. Am auffälligsten ist dabei: Wenn wir uns Umständen oder Personen ausgeliefert fühlen, empfinden wir die Situation als bedrückend.

Nun ist natürlich das Gefühl, ausgeliefert zu sein, Ergebnis subjektiver Wahrnehmung. Wenn wir mit mehr Abstand und überhaupt entspannter auf die Gegebenheiten schauen würden, würden wir die verbleibenden Möglichkeiten wahrscheinlich größer einschätzen und hätten dem Gefühl des Ausgeliefertseins etwas entgegenzusetzen.

Eine Extremsituation des Ausgeliefertseins erlebte ich vor vier Jahren, als ich drei Meter tief kopfüber von unserem Balkon auf die Terrasse stürzte. Ich war zwar sehr bewahrt worden, sodass sich die Knochenbrüche auf meinen rechten Arm beschränkten, doch eine zweite Lebensbedrohung entstand, als während der ersten Operation eine Entzündung in meine Schulter gelangte. Diese war viel schwerer in den Griff zu bekommen als die eigentlichen Verletzungen. Daraufhin wurden weitere fünf Operationen notwendig. In dieser Lage fühlte ich mich extrem ausgeliefert und immer geschwächter, da ich selbst nichts machen konnte und die Maßnahmen der Ärzte über einige Wochen nicht erfolgreich waren.

In einem helleren Moment war ich jedoch in der Lage, mir zu überlegen, welche Ressourcen es trotz allem gab:

1. Ich lebe noch. Das war angesichts dieses lebensgefährlichen Sturzes nicht selbstverständlich.
2. Ich möchte gesund werden. Dieser Wunsch wird mir Kraft geben, für meine Gesundung zu kämpfen.
3. Ich habe den ganzen Apparat einer Universitätsklinik um mich herum, in dem man versucht, mir zu helfen.
4. Ich habe einen großen Gott über mir, mit dem ich schon viele gute Erfahrungen gemacht habe.

Rein äußerlich vergrößerte sich mein Handlungsspielraum noch nicht. Doch indem ich mich mehr auf die verbliebenen Ressourcen konzentrierte, veränderte sich meine Einschätzung der Situation deutlich und damit auch meine Befindlichkeit. Dies war der Wendepunkt im Krankheitsverlauf. Denn nun fühlte ich mich seelisch und geistlich viel stabiler, was sich natürlich auch auf die Heilungskräfte für Schulter und Arm ausgewirkt hat.

Leider fällt es uns in solchen und weitaus weniger dramatischen Situationen schwer, die verbliebenen Möglichkeiten zu sehen, weil wir so von unseren Einschränkungen in Anspruch genommen werden.

Doch an jedem neuen Tag können wir uns auf die Ressourcen besinnen und uns fragen: Wer oder was unterstützt mich bei der Bewältigung meiner Aufgaben und Probleme? Welche Handlungsspielräume habe ich selbst?

Wichtig ist bei der Suche nach den eigenen Handlungsmöglichkeiten natürlich, nicht auf der anderen Seite vom Pferd zu fallen und für alles und jeden Verantwortung übernehmen zu wollen. Denn auch wenn wir uns übernehmen, fühlen wir uns schneller ausgeliefert.

Gerade diese Grenzerfahrung im Krankenhaus ist mir zu einer sehr wichtigen Erfahrung geworden. Trotz 200 Einheiten Krankengymnastik ist es ein Wunder, dass mein schwer verletzter rechter Arm nun vollständig wiederhergestellt ist. Ein bisschen Arthrose wird mir wohl erhalten bleiben. Wenn ich den Schmerz verspüre, durchfährt mich ein Impuls der Dankbarkeit. Natürlich nicht über den Schmerz, sondern über den Schatz, den mir dieses Erlebnis gebracht hat.

Manchmal, wenn ich tiefgründiger über mein Leben nachdenke, dann wird mir klar: Weitaus schlimmer als etwas nicht zu erreichen, wäre es, wenn ich zurückblickend auf mein Leben sagen müsste: Ich bin unter meinen Möglichkeiten geblieben, weil mir – als ich mich für Herausforderungen hätte entscheiden können – Mut, Vertrauen und Motivation fehlten. Ich habe mich um wichtige Erfahrungen beraubt, weil ich mehr auf die Probleme als auf die Handlungsmöglichkeiten und verbleibenden Kapazitäten schaute.

So erinnere ich mich gerne: Wenn ich mich verweigere, scheitere ich von vornherein. Wenn ich schon gelegentlich scheitere, möchte ich eher an meinen Herausforderungen scheitern – nicht an meiner Angst.

Zum Einüben

Impuls 1:

Manche Menschen wären lieber wie ein Haustier, dessen Leben weniger schwierig und kompliziert ist. Wenn Sie nicht diese Neigung verspüren, ein ganz reduziertes Leben zu führen, haben Sie gute Gründe für folgenden Gedankengang:

Wie gut, dass ich so viele Möglichkeiten habe, in Beziehung zu anderen und zu Gott zu treten. Wer weiß, welche Abenteuer mir noch bevorstehen und welche Ressourcen ich dabei neu entdecken werde.

Impuls 2:
Unterscheiden Sie: In welchen Zusammenhängen fällt es Ihnen leicht, Ihre Möglichkeiten auszuschöpfen? Und bei welchen Herausforderungen neigen Sie eher dazu, Ihre Einschränkungen zu beklagen, sodass Sie einen Teil Ihrer Möglichkeiten leicht übersehen?

Impuls 3:
Greifen Sie eine Aufgabe heraus, in der Sie sich nicht besonders wohlfühlen. Überprüfen Sie, ob Sie vielleicht zu einer der beiden extremen Haltungen neigen: „Ich kann nichts tun", oder „Ich muss alles allein tun und verantworten."

Überlegen Sie, was Ihnen helfen würde, ausgewogener feststellen zu können: Ich bin handlungsfähig.

Für eine konkrete Schwierigkeit
Impuls 4 (insbesondere zur Glaubensstärkung):
Beschriften Sie drei Blätter als Bodenanker mit Ich, Gott und Last (die Sie anschauen wollen) und legen Sie diese im Raum auf den Boden. Dann nehmen Sie Kieselsteine oder irgendein anderes Material, von dem Ihnen etwa 10 Einzelstücke zur Verfügung stehen. Legen Sie alles auf den Bodenanker Last.

Anschließend verteilen Sie die Materialien auf die Plätze für die eigene Person und Gott – so wie Sie selbst die Last tragen bzw. an Gott abgeben können. Es kann auch sein, dass einzelne Steine auf dem Bodenanker für die Last liegen bleiben (insbesondere, wenn es sich um die Sorge um eine andere Person handelt, die selbst Verantwortung trägt). Wie würden Sie es sich wünschen? Runden Sie diese Übung durch ein Gebet ab, z.B.: „Herr, manchmal/oft/stets denke ich im Hinblick auf ..., dass alles von meinen Anstrengungen abhängt. Doch tatsächlich verteilt sich die Verantwortung. Ich gebe dir jetzt ganz bewusst die Last ab, die ich nicht tragen kann. Was ich zum Gelingen beitragen kann, will ich gerne tun."

Impuls 5:
Stellen Sie sich vor, das Belastende wäre wie schmutziges Wasser, in dem Sie stehen. Fragen Sie sich: Wie weit reicht Ihnen das Wasser, so wie Sie es zu diesem Zeitpunkt empfinden? Wie tief versinken Sie in den Schwierigkeiten?

- Bis zu den Knöcheln, sodass Sie sich gut bewegen können?
- Bis zur Gürtellinie, sodass Sie noch genug Handlungsspielraum haben?
- Bis zum Hals, sodass die Schwierigkeiten etwas Beängstigendes haben?

Diese Einschätzung zeigt, ob Sie sich als Herr der Lage sehen oder sich den Umständen bzw. Personen mehr oder weniger machtlos ausgeliefert fühlen. So hat entweder das Gefühl des Deprimiertseins oder das der Zuversicht die Oberhand.
Überlegen Sie nun, was es trotz allem für Ressourcen gibt, z.B.:

- Sie leben ja noch.
- Es bleibt Ihnen ein Potenzial an Gesundheit und körperlichen Kräften.
- Sie stehen nicht völlig allein da, da es Menschen gibt, die Ihnen hilfreich zur Seite stehen würden.
- Sie haben das Vertrauen nicht weggeworfen, dass Gott Sie liebt und nicht vergessen hat.

Aus der Seelsorgepraxis
Die Kinderpsychiaterin Thea Schönfelder sagt: „Was mich von meinem psychotischen Mitmenschen unterscheidet, ist meine Möglichkeit, ihn ‚heiler' zu sehen, als er es selbst vermag."[8] Das beinhaltet auch, dass die Seelsorgerin – so „gelähmt" wie sich die Ratsuchende auch geben mag – davon überzeugt ist, dass es immer Handlungsmöglichkeiten gibt, die die Ratsuchende noch nicht entdeckt hat.

8 Zitiert nach Manfred Lütz: Irre. Gütersloh 2009. S. 43.

Denn wenn die Ratsuchende noch keine Ressourcen gefunden hat, liegt das nicht an ihrer heftigen Geschichte. Vielmehr hat sie ein eingeschränktes Blickfeld, über das jeder Mensch so natürlich verfügt wie über einen blinden Fleck in der Anatomie des Auges. Da die Seelsorgerin nicht zum System der Ratsuchenden gehört und deshalb nicht den gleichen blinden Fleck hat, kann sie die Wahrnehmung der Ratsuchenden erweitern.

Die Notwendigkeit dieser Unterstützung zeigt die folgende bekannte Geschichte: Ein Mann sucht in der Dunkelheit auf dem Bürgersteig seinen Schlüssel. Ein zweiter Mann bleibt stehen und hilft ihm. Nach einiger Zeit ergebnislosen Suchens fragt der zweite Mann: „Sind Sie sicher, dass Sie den Schlüssel hier verloren haben?“ Daraufhin erhält er die Antwort: „Nein, ich habe ihn da drüben verloren. Aber dort ist es zu dunkel zum Suchen.“

7. Einsicht: In Beziehungen liegen die größten Ressourcen

Eine systemische These ...
Jeder einzelne Mensch ist unendlich wertvoller, als wir es in der Regel für möglich halten. Wenn viele Kostbarkeiten zusammenkommen und gemeinsam ein Ganzes bilden, ergibt sich ein ganz besonderes Schmuckstück. Genauso liegen gerade in unseren Beziehungen die größten unentdeckten Ressourcen.

Deshalb gibt es gerade dort, wo das Problem entstanden ist und sich erhalten hat – nämlich im Beziehungsnetz –, die Kraftquellen, die noch nicht (vollständig) angezapft sind.

... und die Bibel
Die Bibel unterstreicht die Alltagserkenntnis, dass zusammen etwas möglich ist, was allein nicht zu bewältigen ist. *„Einer mag überwältigt werden, aber zwei können widerstehen, und eine dreifache Schnur reißt nicht leicht entzwei“*, heißt es in Sprüche 4,12.

Um uns diese Erfahrung des Zusammenstehens zu schenken, hat Gott uns viele Möglichkeiten gegeben, z.B. das Eingebundensein in eine Familie, eine Gemeinde und ein Volk.

Beobachtungen
Wir übersehen leicht, dass die größten Ressourcen in unserer Verbundenheit liegen.
Dies veranschaulicht der Film „Into the Wild“. Er erzählt die wahre Geschichte eines 23-jährigen Mannes, der von der Unaufrichtigkeit seiner Eltern so verletzt ist, dass er nach seinem Collegeabschluss alle Beziehungsbrücken hinter sich abbricht und quer durch die USA trampt. Zunächst meint er, Beziehungen würden stark überbewertet und das Glück läge in Naturerlebnissen. Doch während der Monate, die der Abenteurer ganz allein in Alaska verbringt, erkennt er, dass er

sich geirrt hat und es kein Glück außerhalb menschlicher Beziehungen gibt. Schließlich stirbt er an Hunger und Einsamkeit.

Jedem Menschen steht ein Ressourcenpool der Verbundenheit zur Verfügung, auch wenn er sie, wie der junge Mann aus dem Film, nicht zu erkennen vermag. Doch wo können wir solche Anzeichen für Zusammenhalt finden?

Z.B schenkt Gott keinem Menschen außerhalb von Beziehungen das Leben. Zum Glück sind wir dem Schöpfungsplan Gottes auch noch nicht so weit entfremdet, dass wir es als technischen Fortschritt feiern würden, befruchtete Eizellen einer Frau per Brutkasten ins Leben zu bringen, um Müttern nicht nur die Umstandskleidung, sondern auch alle sonstigen Umstände zu ersparen. Was für eine Entbehrung würde es für Kind und Eltern bedeuten, allein und ohne Beziehung zur Mutter ins Leben treten und auf diese Zeit unübertroffener Nähe verzichten zu müssen.

So findet kein Mensch beziehungslos in diese Welt und hoffentlich auch nicht aus ihr heraus. Denn auch ganz zum Schluss wird nichts zählen, außer unsere Erfahrungen in Beziehungen.

Unsere Verbundenheit zeigt sich auch in einer grundsätzlichen Bereitschaft zur Solidarität. Neulich fegte gerade in der Hauptreisezeit am Sonntagnachmittag ein Wirbelsturm über unser Land. Meine Frau war mit dem Zug unterwegs. Mit großer Mühe schaffte es der Zug bis Kassel. Als er am Bahnsteig eintraf, waren schon seit mehr als zwei Stunden Menschen dort gestrandet. Auf dem völlig überfüllten Bahnhof war es für Notärzte schwierig, zu den Reisenden mit Kreislaufkollaps durchdringen. Doch in all dem Chaos entstand zugleich eine große Solidarität. Man tauschte sich intensiv aus, ermutigte sich, suchte mit vereinten Kräften nach Lösungen und half sich gegenseitig mit allem, was einem zur Verfügung stand.

Eine halbe Stunde nach meinem Balkonsturz wirbelten in der Notaufnahme der Klinik viele Menschen um mich herum und setzten sich nach Kräften ein, um Kunststücke zu vollbringen, z.B. meinen Rücken zu röntgen, ohne mich aus der Rückenlage heraus drehen zu dürfen.

Wir können auf das Glück im Unglück zurückgreifen, dass wir nicht unbeachtet liegen gelassen werden, wenn wir gestürzt sind, sondern andere uns aufhelfen, so gut sie es nur können.

Es ist ein stärkender Gedanke, wie viele Menschen uns in unterschiedlichen Lebenszusammenhängen zur Seite gestanden haben – und oft mehr getan haben, als sie hätten tun müssen.

Wenn wir nicht in Not sind, können wir es manchmal kaum glauben, dass andere uns im Leid ohne Wenn und Aber beistehen würden. Wenn wir nämlich verinnerlichen, dass Schweres unsere Beziehungen stärkt, haben wir weniger Angst vor Schicksalsschlägen. Stecken wir aber schon in der Not, sind wir manchmal zu abgelenkt, um die erfahrene Unterstützung so wahrzunehmen, dass wir dadurch mehr Sicherheit und das Vertrauen gewinnen, von einem Netz gegenseitiger Hilfeleistung getragen zu sein.

Welche Schritte sollten wir gehen, um die Ressourcen der Verbundenheit zu erschließen und zu nutzen?

1. Wir stimmen unserer Verbundenheit zu. Das gelingt, wenn wir uns nicht nur von all unseren Problemen schockieren lassen, sondern realisieren, dass sich alle wirklich wertvollen Geschenke unseres Lebens aus unseren Beziehungen ergeben. Schließlich können wir nur durch unser Verbundensein der Angst begegnen, mutterseelenallein zu sein. Dabei handelt es sich in einem äußerlich einigermaßen abgesicherten Leben um die stärkste aller Ängste. Dass wir sie als existenziell erleben können, hat etwas damit zu tun, dass wir ganz zu Anfang unseres Lebens bemerkten, dass wir auf andere angewiesen sind, um physisch und emotional zu überleben.

2. Wir schätzen das Potenzial an Verbundenheit, das uns gegeben ist, nicht als gering ein. Denn ständig damit beschäftigt zu sein, die Defizite zu beklagen, hält uns davon ab, das Vorhandene auszuschöpfen.

Schließlich ist in unserem Alltag die Verbundenheit zu würdigen. Wenn wir auf den anderen und unsere Verbindung wertschätzend schauen, trauen wir dieser Person zu, unser Leben zu bereichern. Zugleich trauen wir uns zu, dem anderen etwas von uns zu geben. Wenn wir uns immer wieder vor Augen führen, wie sehr man in der Vergangenheit zueinander stand, können wir erkennen, dass wir zwar nicht ständig über unsere Mitmenschen verfügen und sie nicht all unsere Erwartungen erfüllen. Trotzdem haben und behalten sie einen Platz in unserem Herzen – allen Enttäuschungen, Katastrophen und äußeren Trennungen zum Trotz.

Zum Einüben

Impuls 1:

Zählen Sie einmal die Beziehungen auf, die für Sie heute und gestern direkt oder indirekt bei der Lebensbewältigung von Bedeutung waren. Welche verdient einmal mehr Würdigung?

Impuls 2:

Waren Sie schon einmal davon überrascht, wie Ihnen jemand uneigennützig Einsatzfreude entgegengebracht hat? Oder kennen Sie die Erfahrung, wie zwischen allen Missverständnissen mit Ihren Allernächsten der Wunsch hervorblitzte, füreinander einzustehen?

Es würde sich lohnen, für solche Spuren der Zuwendung Anzeichen zu suchen und festzuhalten: schriftlich, durch Bilder oder Erinnerungsstücke.

Impuls 3 (insbesondere zur Glaubensstärkung):

Malen Sie sich aus, wie Gott darüber wacht, dass Sie sich nicht völlig beziehungslos fühlen müssen. Versuchen Sie dem Gedanken nachzugehen, dass aus Gottes Perspektive (und aus der mancher Menschen) dieser Welt etwas fehlen würde, wenn es Sie nicht gäbe. Vielleicht tut Ihnen die Vorstellung gut, dass Gott Engel bereitgestellt hat, die sich nicht nur für Sie engagieren, sondern auch über Ihren Beziehungsnetzen wachen.

Für eine konkrete Schwierigkeit

Impuls 4:

Während Sie an die schwierige Situation denken, verfolgen Sie in Ihrer Erinnerung, wie Menschen Ihnen bisher geholfen haben, Ihren Weg zu finden. Fangen Sie dabei in der Kindheit an, gehen Sie dann in das Jugendalter, ins Erwachsenenalter bis in die Gegenwart.

Denken Sie an die Menschen, die Sie begleitet haben, um Ihnen Orientierung zu schenken, um Sie zu unterrichten, um Ihnen deutlich zu machen, wie sehr Gott Sie liebt.

Und überlegen Sie, dass Sie jetzt auch nicht so allein dastehen, wie Sie sich vielleicht manchmal fühlen.

Welche Verbindungen in Ihrem Leben zeigen Ihnen, dass Sie Ihren Weg nicht beziehungslos gehen müssen – auch nicht in dieser Schwierigkeit?

Aus der Seelsorgepraxis

Die Seelsorgerin ist davon überzeugt, dass wir unsere wertvollste Ressource – die Verbundenheit – nicht verlieren können. Selbst wenn Wege auseinandergehen, steht dem Menschen, dem wir unser Herz geöffnet haben, darin ein fester Platz zu. Deshalb ist es möglich, auf diese Verbundenheit zu vertrauen.

Ein wichtiges Werkzeug der systemischen Arbeit, das Ratsuchenden hilft, ihre Beziehungsressourcen zu entdecken, ist das Genogramm. Dabei wird ein kleiner Stammbaum (meist bis zu den Großeltern) erstellt, um sich einen Überblick über das Beziehungsgeflecht mit seinen gravierenden Ereignissen zu verschaffen. So kann sich die Ratsuchende vergewissern, wer eigentlich alles dazugehört und dass man in der Aufeinanderfolge der Generationen eingebettet ist. So rücken auch diejenigen Familienmitglieder, die leicht übersehen oder zu wenig gewürdigt werden, ins Blickfeld. Für alle Beteiligten liegt darin die Botschaft, nicht verloren zu gehen und aus den Ressourcen des Beziehungsnetzes schöpfen zu können.

8. Einsicht: Jeder Mensch kann Spuren bedingungsloser Liebe finden

Eine systemische These ...

Wenn Menschen sich verlieben, setzt das in ihnen ungeahnte Ressourcen frei. Außerdem gibt es keine schönere Erfahrung, wenn aus diesen Anfängen eine beständige (am besten lebenslange) Liebesgeschichte wird.

Dabei richtet sich unsere Sehnsucht nicht auf das Zusammensein an sich. Vielmehr wünschen wir uns mehr als irgendetwas auf dieser Welt, in einer Atmosphäre bedingungsloser Annahme leben zu können, die durch unvermeidbare Krisen nicht infrage gestellt wird.

So brauchen wir für unseren Lebensweg vor allem die Ressource, bedingungslose Liebe erfahren zu haben.

In der systemischen Arbeit wird nach dieser Liebe in der Überzeugung gesucht, dass jeder Mensch ein klein wenig davon erfahren hat – auch wenn diese Ressource bislang völlig unerkannt blieb. Dass es sie trotzdem bereits gibt, ist unser Glück. Denn etwas aus dem Nichts zu erschaffen, ist uns unmöglich.

... und die Bibel

Die größte aller Ressourcen ist die Liebe oder Gott. Gott ist nichts anderes als Liebe. Die hingebungsvolle Liebe, von der wir hier reden, ist nicht natürlicherweise in uns, sondern sie ist von Gott in uns hineingelegt.

So besteht die Botschaft der Bibel darin, dass Gott uns bedingungslos liebt, weil nichts anderes als Liebe sein Wesen mehr ausmacht. Deswegen ist er mit seinem Erlösungshandeln, das auf Golgatha seinen Höhepunkt findet, trotz unserer Schuld bis zum Äußersten gegangen. Bedingungslos meint also, dass seine tief empfundene Liebe von unserem Fehlverhalten nicht tangiert ist (vgl. z.B. Rö. 5,8).

Daraus ergeben sich stärkende Gedanken, z. B.:

- Da nichts stärker als Gottes Liebe ist, haben keine Umstände die Macht, uns von ihr zu trennen (vgl. Rö. 8,37-39).
- Unser Lebenssinn besteht darin, Gottes Liebe anzunehmen. Dabei handelt es sich natürlich nicht um eine Leistung, etwas, das man gut oder schlecht machen könnte.

Beobachtungen

Führen wir uns das Wesen unserer tiefsten Sehnsucht vor Augen. Viele unserer Beziehungen sind von Verhandlungen bestimmt, so wie es für Geschäftsbeziehungen ganz natürlich ist. Wir einigen uns, sind quitt und können problemlos auseinandergehen. Doch für unsere persönlichsten Beziehungen haben wir ein ganz anderes Ziel. Wir wünschen uns, über alles Rechnen und Abwägen hinauszukommen.

Während Erwachsenen dies nicht immer leichtfällt, ist es für Kinder nicht schwer, etwas anzunehmen. Ausgleich für den Einsatz ihrer Eltern könnten sie ja ohnehin nicht schaffen.

Doch auch wir werden nie in der Lage sein, mit Gott und den Bezugspersonen, die uns großgezogen haben, quitt zu sein. Deswegen können wir uns auch nicht endgültig von ihnen lösen. Das mag uns vielleicht unangenehm erscheinen, es kann uns aber auch – wenn wir damit versöhnt sind – Sicherheit und Geborgenheit schenken.

So wünschen wir uns also vor allem, dass uns jemand bedingungslos liebt und beschenkt, ohne dass wir etwas zurückgeben müssen. Wenn wir dann doch etwas geben, dann möchten wir dies aus freien Stücken tun. Unsere Gabe gründet sich auf die Liebe, die so groß ist, dass uns das Wohlergehen des anderen nicht weniger interessiert als das eigene.

Nun gilt es, Spuren dieser bedingungslosen Liebe zu entdecken – und zwar nicht nur im Himmel, sondern auch ganz bodenständig in unseren irdischen Beziehungsgeflechten. Zwei Beispiele sollen exemplarisch andeuten, um welche Entdeckungen es bei dieser Spurensuche geht:

Elena hat den Eindruck, von ihren Eltern keine Liebe empfangen zu haben. Der Vater starb, als sie drei Jahre alt war, und die Mutter konnte nur sehr eingeschränkt für sie da sein. Während wir weiter nach der verborgenen Liebe suchen, frage ich sie, wer dazu beigetragen hat, dass sie Christin geworden ist. Plötzlich leuchten Elenas Augen, als sie von ihrer Großmutter erzählt. Auf deren Schoß saß sie als Kind, während sie Elena aus der Kinderbibel vorgelesen hat. Als wir uns auf die Großmutter konzentrieren, kommen wir mit der Liebes- und Segensspur in Kontakt.

Karl, ein älterer Herr, fühlt sich von seinen tiefsten Gefühlen abgeschnitten. Dies wirkt sich besonders auf die Beziehung zu seinen längst erwachsenen Kindern aus. Es wird deutlich, dass er immer nach Aufmerksamkeit und Liebe seiner Mutter gesucht hat, die mit zehn weiteren Kindern, Landwirtschaft und den Einschränkungen durch den Krieg sehr gefordert war. Karl vergewissert sich, dass ihm seine Mutter gerne alles gegeben hat, was sie geben konnte. Außerdem wird spürbar, dass sie bedauert, nicht mehr für ihn da (gewesen) zu sein, und wie sehr sie sich von ganzem Herzen wünscht, dass es ihm und seiner Familie gut geht.

Schließlich geht es darum, mit dieser bedingungslosen Liebe auch zu rechnen. Wenn es bei uns zu Hause Ärger gegeben hat, wusste ich immer noch, dass ich unsere Pflegekinder sehr liebe. Ich konnte es bloß nicht mehr spüren. Das ist keine Katastrophe, da wir unter den Voraussetzungen dieser Welt nicht vollkommen lieben können. Schlimm ist bloß, wenn wir unsere unvollständigen Versuche, einander zu lieben, auf Gott übertragen und nicht mehr realisieren, dass Gottes Liebe ganz anderer Natur ist.

Es ist ein langer und steiniger Weg, von ganzem Herzen zu glauben, dass Gottes Liebe zu uns von seinen Erfahrungen mit uns völlig unberührt ist. Groß von Gott zu denken, heißt, darüber hinaus der Überzeugung zu folgen, dass kein Mensch von Gottes uneingeschränkter Liebe unberührt ist.

Zum Einüben

Impuls 1:

Bei seiner Erschaffung wurde dem Menschen sein Lebensodem eingehaucht (Genesis 2,7). In der alten Lutherübersetzung heißt es: „*Er blies ihm den lebendigen Odem in seine Nase. Und also ward der Mensch eine lebendige Seele.*"

Achten Sie auf Ihren Atem und erinnern Sie sich daran, dass dessen Ursprung der Atem Gottes ist – sein Odem, den er Ihnen eingehaucht hat. Welche seelischen Komponenten, die für unsere Beziehungen wichtig sind, gehören wohl zu diesem Odem aus der Hand Gottes?

Nun beobachten Sie, inwieweit Sie folgenden Gedanken zustimmen können: Gott ist durch und durch Liebe und wir wurden zu seinem Ebenbild geschaffen. Deshalb sind auch Spuren seiner Liebesfähigkeit in uns. Auch alle Beziehungsprobleme können daran nichts ändern.

Impuls 2 (insbesondere zur Glaubensstärkung):

Beobachten Sie, inwieweit Sie diesen Aussagen folgen können: Gott ist der Erfinder der hingebungsvollen Liebe. Das ist die Quelle des Glücks, die uns nachhaltig beschenkt. Dabei sollten Sie unterscheiden, dass Gottes Liebe unermesslich ist. Sie geht an Beständigkeit und Unerschütterlichkeit weit über das hinaus, wozu wir trotz aller Bemühungen imstande sind.

Für eine konkrete Schwierigkeit

Impuls 3:

Während Sie an Ihre schwierige Situation denken, verfolgen Sie ganz entspannt die Bewegungen Ihres Atems. Erinnern Sie sich: „Gott hat mir mit seinem Lebensodem ein Stück von sich selbst in mich hineingegeben. Damit habe ich auch etwas von seiner bedingungslosen Liebe geschenkt bekommen. Mein Atem kann mich daran erinnern."

Verfolgen Sie nun den Gedanken, dass Sie dieser Lebensodem in all seinen Facetten auch in dieser problematischen Lage begleitet und stärken kann.

Und wenn auch Ihre Mitmenschen von diesem Odem leben und bestimmt sind, gibt es auch in Ihnen den Wunsch, bedingungslos zu lieben. Vielleicht kommt ja irgendetwas davon für Sie in nächster Zeit zum Vorschein.

Aus der Seelsorgepraxis

Die systemische Seelsorgerin ist davon überzeugt, dass kein Mensch von der hingebungsvollen Liebe gänzlich unberührt ist. Trotzdem wird sie darauf bedacht sein, die Ratsuchende nicht mit dem Verweis auf Gottes Liebe zu überfordern oder damit von der Auseinandersetzung mit der eigenen beschädigten Familiengeschichte abzulenken.

Das bereits vorgestellte Genogramm erfährt in der Systemischen Seelsorge insofern eine geistliche Erweiterung, als nun in den Beziehungen danach gefragt wird, wo Spuren der Liebe Gottes nachvollziehbar sind. Dabei gehen wir von folgenden Einsichten aus:

- Die Weitergabe des Lebens ist nicht von uns Menschen „machbar“, sondern auf die lebensspendende Kraft Gottes zurückzuführen.
- In unseren Partnerschaften sind wir darauf angewiesen, dass Gott uns in der Liebe zueinander bestärkt. Das passiert auch dann, wenn die Betreffenden nicht in einer für uns sichtbaren Verbindung zu Gott stehen.

Bei dieser Suche nach den Spuren der Liebe Gottes handelt es sich per se um eine Ressourcensuche. Wenn wir entdecken, wo wir konkret in unseren Beziehungen trotz aller Frustrationen Gutes empfangen haben, erschließen sich dadurch Kraftquellen, die wahrzunehmen schon ein wichtiges Stück Lösung beinhalten.

Ausrichtung: Lösungen

Ressourcen entdeckt zu haben, gewinnt nur dann an Wert, wenn wir auch wissen, wofür wir sie denn nutzen wollen. Dabei ist es wichtig, die Lösung so genau wie möglich vor Augen zu haben.

Voraussetzung dafür ist, dass wir darauf verzichten, mit unserer Aufmerksamkeit unaufhörlich um das Problem zu kreisen, mit dem wir manchmal schon etwas verwachsen sind.

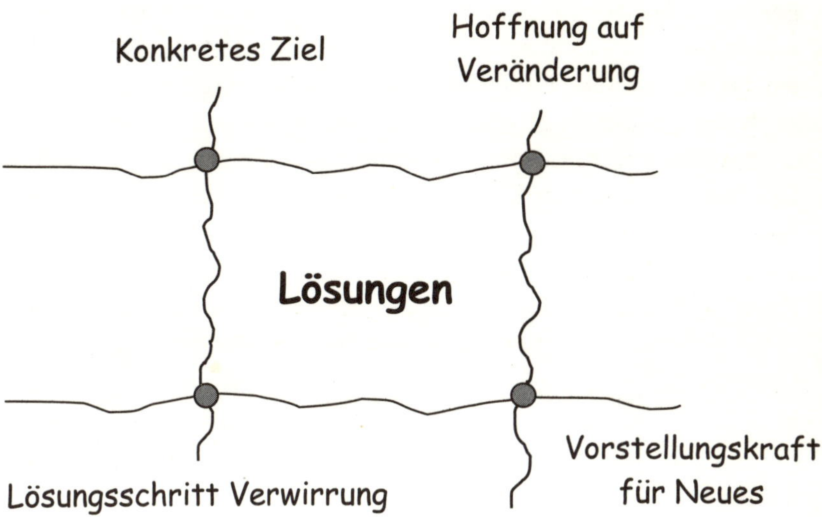

9. Einsicht: Nur wer sein Ziel kennt, findet den Weg

Eine systemische These ...
Bevor sich jemand allein oder mit einem anderen auf den Weg macht, sollte er sortieren, was er eigentlich möchte, was sich genau verändern soll, wie der neue Zustand konkret aussehen soll und woran er merken würde, dass das Problem gelöst ist. Nur so ist die betreffende Person in der Lage, zielstrebig auf ihr Ziel zuzugehen.

... und die Bibel
Jesus hat gegenüber den Menschen, die sich Hilfe suchend an ihn gewandt haben, genau hingeschaut, was wirklich gut und dran für sie war und was damit ein sinnvolles Ziel für seine Hilfe darstellte. Damit hat er sich eines wirklich angemessenen Auftrages vergewissert. Auch wenn er wusste, was einen Menschen im Herzen bewegte, fragte er zuweilen nach, worum es seinem Gegenüber ging und was sein tiefes Anliegen war. Deshalb fragte er auch den Kranken am Teich Bethesda: „Was willst du, dass ich dir tun soll?" (Joh. 5, 1ff.). Die Frage erscheint im Hinblick auf das Leiden des Kranken töricht. Doch Jesus war es wichtig, dass sich die Menschen, die er heilte, wirklich darüber im Klaren waren, was sie sich wirklich wünschten. Nur wenn die Leidenden ein klares Ziel hatten, nämlich als gesunde Menschen zu leben, konnten sie den Weg in ein von Krankheit befreites Leben gehen, der ja auch neue Herausforderungen mit sich brachte.

Beobachtungen
In vielen Lebenszusammenhängen sind wir sehr zielorientiert und haben eine klare Vorstellung, wann wir erfolgreich sind. Was treibt uns dann dazu, es in unseren Beziehungen und unserer Gefühlswelt mit Zielformulierungen nicht so genau zu nehmen?

Hier ist es noch wichtiger zu wissen, was wir erreichen wollen, um nicht die Orientierung zu verlieren. Denn unsere Beziehungen sind oft verworren und unsere Gefühle fahren Karussell mit uns. Zu häufig kann man deshalb beobachten, wie Anstrengungen und Geschwindigkeit erhöht werden, weil man das Ziel nicht (mehr) wirklich kennt.

Für zielorientiertes Vorgehen gibt es vor allem drei Hindernisse:
1. Wir konzentrieren uns auf das Problem. Das scheint naheliegend, wenn wir die Lösung noch nicht im Blick haben. Doch dieser Fokus lässt uns auf der Stelle treten. Veranschaulichen wir uns das Prinzip: Essen kann Spaß und satt machen. Viel essen macht nicht unbedingt mehr Spaß, weil satter als satt nicht noch mehr Freude bereitet. Ein Problem einmal aussprechen zu können, erleichtert oft. Doch viel darüber reden hilft nicht viel. Im Gegenteil: Meist haben wir ja schon mit anderen ausreichend über das Problem diskutiert. Von den unendlichen Selbstgesprächen mal ganz abgesehen. Und mit jedem erneuten Durchkauen verstärkt sich der Eindruck, dass es sich um ein unlösbares Problem handelt. Wenn wir uns dann immer mehr daran gewöhnen, um das Problem zu kreisen, wird das Ausbrechen aus diesem Kreislauf immer unwahrscheinlicher.

2. Wir sind nach immer mehr Informationen auf der Suche. Dass wir von den Jägern und Sammlern abstammen, zeigt sich besonders an unserer Sammelleidenschaft. Mittlerweile sammeln wir vor allem Informationen.

Das geht mühelos. Wer hätte am Ende des vorigen Jahrhunderts – also noch vor Kurzem – gedacht, welche Datenfülle uns heute über das Internet zur Verfügung steht? Doch der Euphorie über diese neuen Möglichkeiten folgte bald der Frust. Denn 17323 Antworten einer Suchmaschine sind für uns fast genauso nutzlos wie gar keine, da wir auf der entscheidenden Frage sitzen bleiben, welche Antworten denn eigentlich von Bedeutung sind. Es macht also wenig Sinn, das Meer von Daten, in dem wir schwimmen, immer noch zu erweitern. Vielmehr sollten wir durch das Finden eines springenden Punktes festen Grund unter die Füße bekommen.

3. Wir sind manchmal auf Ursachenklärungen versessen. Doch was nützt es uns, wenn wir herausfinden, welche Erfahrungen in der Vergangenheit das Problem hervorgerufen haben? Da sich die Vergangenheit definitiv nicht verändern lässt, kann diese Einsicht unsere Hoffnung auf eine Lösung – und damit auch den Lösungsprozess – beeinträchtigen. Wie bereits beschrieben neigen Kinder dazu, Lasten und Ungeklärtes ihrer Eltern oder anderer Vorfahren zu schultern. Deshalb versuchen sie auch manche Ursachen und andere Zusammenhänge herauszubekommen, von denen sie sich eine Erleichterung für alle Beteiligten erhoffen. Tatsächlich kann dies jedoch noch tiefer in die Verstrickung führen, anstatt den Blick für die Lösungen in der Gegenwart zu öffnen.

Zum Einüben

Impuls 1:

Fragen Sie sich: Bei welchen profanen Tätigkeiten und Vorhaben des heutigen und gestrigen Tages haben Sie das Ziel ganz klar vor Augen gehabt? Und wie sieht es für Ihre großen Pläne aus?
Unterscheiden Sie:

- Manchmal ist es in Ordnung, nicht so richtig zu wissen, was bei unserem Tun herauskommen soll, weil wir gar kein konkretes Ergebnis anstreben wollen und müssen. Vielleicht fällt Ihnen dazu eine Situation ein.
- In vielen Situationen wollen wir etwas Konkretes erreichen. Fällt Ihnen ein Beispiel ein, wo Sie dennoch nicht genau wissen, woran Sie merken werden, wenn Sie am Ziel sind? Wollen Sie darin mehr Klarheit gewinnen?

Impuls 2 (insbesondere zur Glaubensstärkung):

Fragen Sie Gott zuweilen, was er möchte, dass Sie tun sollen?
Vielleicht möchte er ja, dass Sie hören, wie er mit einer Gegenfrage antwortet. Denn er interessiert sich wahrscheinlich mehr für das, was Sie sich wünschen, als es Ihnen bewusst ist. Deshalb ist ihm sehr daran gelegen, dass Sie erst mal Ihre Ziele und Wünsche so klar wie möglich vor Augen haben.

Für eine konkrete Schwierigkeit

Impuls 3:

Wie lange schlagen Sie sich schon mit diesem Problem herum, wie lange denken Sie darüber nach und reden darüber mit anderen?

Stellen Sie sich vor, alles Sammeln von Informationen, Grübeln und Reden wäre wie ein riesiger Steinhaufen, der Sie umgibt.

Verabschieden Sie sich nun von diesen Fehlversuchen, indem Sie in Ihrer Fantasie über die Steine hinwegsteigen und nach etwas Grünem in Ihrer Umgebung suchen.

Welche Pflanze kommt Ihnen in den Sinn? Gibt sie Ihnen vielleicht einen Hinweis darauf, wie die Lösung aussehen könnte?

Impuls 4:

Wie exakt ist Ihre Vorstellung davon, welche Veränderung Sie sich wünschen? Woran werden Sie gemerkt haben, dass sich etwas verändert hat? Beschreiben Sie es so genau wie möglich!

(Halten Sie sich dabei grundsätzlich für kompetent genug, solch eine Zielbeschreibung vorzunehmen! Nur manchmal brauchen Sie jemanden, der Sie dabei unterstützt.)

Aus der Seelsorgepraxis

Für wirkungsvolles Helfen ist eine Zielbestimmung enorm wichtig. Sie ergibt sich aus dem Wunsch der Ratsuchenden, an ihrer momentanen Befindlichkeit etwas zu verbessern.

Auch wenn ein systemischer Prozess oft nur etwa fünf – in der Regel aber nicht mehr als zehn – Sitzungen bedarf, kann die Auftragsklärung nicht selten die ganze erste Sitzung in Anspruch nehmen. Denn jede Unklarheit rächt sich im Laufe des Prozesses. Beispielsweise kann bei einer Ratsuchenden zu Recht Ärger aufkommen, wenn der Seelsorgeprozess in eine Richtung läuft, die so gar nicht in ihrem Sinne ist.

Außerdem bekommt die Seelsorgerin durch den Auftrag eine Sondergenehmigung, auf ein sehr persönliches Thema der Ratsuchenden zu schauen. Alles andere geht die Seelsorgerin nichts an.

Denn gerade weil Instrumente systemischer Beratungstätigkeit so wirkungsvoll sind, kann damit Schaden angerichtet werden, wenn die Seelsorgerin auf Themen eingeht, an die die Ratsuchende sich nicht heranwagen möchte.

Dass man es mit dieser Auftragsklärung nicht so genau nimmt, ist bei Seminaren zum „Familienstellen" zu befürchten, bei denen angekündigt wird, die TeilnehmerInnen würden generell ihre Herkunftsfamilie aufstellen. Nach meiner Erfahrung kann aktuell etwas ganz anderes dran sein. Manche Ratsuchende ist damit überfordert, wenn sie sich so intensiv mit ihren Eltern beschäftigt, wie es in der Aufstellungsarbeit passieren kann.

Weil die Auftragsklärung so enorm wichtig ist, nimmt der Prozess, darin Sicherheit zu erlangen, in der Weiterbildung für Systemische Seelsorge breiten Raum ein.

10. Einsicht: Hoffnung gibt Schubkraft für Veränderung

Eine systemische These ...

Die entscheidende Kraft zur Veränderung erwächst aus dem Wunsch, Neues zu wagen. Unverzichtbar für die Lösung ist ebenso die Hoffnung, das Ziel erreichen zu können.

Das Hoffen prägt außerdem auch unsere Beziehungen. Mit uns verbundene Menschen haben schon vor langer Zeit gehofft, dass unser Leben gelingt. Auch heute begleiten uns gute Wünsche und Hoffnungen anderer Personen. Dies gilt es immer wieder neu zu entdecken.

... und die Bibel

Etwa 130-mal kommt das Wort „Hoffnung“ in der Bibel vor. Immer wieder werden wir ermutigt, unsere Hoffnung nicht fallen zu lassen (z.B. Hebräer 4,14).

Auch die bereits erwähnte Begebenheit des Kranken am Teich Bethesda zeigt, wie bedeutungsvoll es ist, die Hoffnung nicht aufzugeben. Denn wäre der Kranke hoffnungslos in Apathie versunken, hätte er nicht 38 Jahre lang am Teich Bethesda gewartet und sich nach Heilung ausgestreckt. Die Begegnung mit und die Heilung durch Jesus wäre ohne dieses Festhalten an der Hoffnung nicht möglich geworden.

Zudem sind für uns auch Gottes Hoffnungen für unser Leben von großer Bedeutung. Deutlich wird dies am Vorbild Jesu, der über das Elend seiner angeschlagenen Mitmenschen hinaus immer auch die Perspektive hat, dass Leid überwunden werden kann. Dieses Hoffen Gottes war die Basis für das Heil und die Heilung der Menschen, die mit Jesus in Kontakt kamen.

Beobachtungen

Wir sind ständig auf der Suche nach Hoffnung. Dabei sind die wohl größten Hürden für die Hoffnung die schlechten Erfahrungen, die die vom Leben Frustrierten fragen lassen, welchen Wert Sehnsucht und Hoffnung denn haben. Ist es – wenn man doch enttäuscht wird – nicht besser, man hätte nichts erhofft?

Doch in solch eine Verzagtheit zu verfallen, schränkt unser Vorankommen am stärksten ein. So sagte Helen Keller: „Selbstmitleid ist unser ärgster Feind." Sie musste es wissen. Blind und gehörlos zugleich hat sie nicht akzeptiert, vom Leben ausgeschlossen zu sein und nichts für andere tun zu können.

Gewiss wird es immer wieder Enttäuschungen geben. Manchmal ist unser Sehnen deshalb tatsächlich nicht mehr (aber auch nicht weniger) als das Ausstrecken an einer Felswand, die wir nicht erklimmen können. Trotzdem behalten wir dadurch die Ausrichtung auf den Gipfel und damit auch die Hoffnung, unser Ziel irgendwann doch zu erreichen.

Geben wir dagegen die Hoffnung auf, ist das eigentliche Leben vorbei, auch wenn der Tod noch lange nicht eintritt.

So ist die Hoffnung auf positive Veränderung der unverzichtbare Motor, der uns die Kraft gibt, immer wieder unsere persönlichen Gipfel zu erklimmen.

Dabei suchen wir gerade beim Hoffen die Unterstützung Gottes nicht vergeblich. Denn er hofft offenbar unermesslich für diese zerbrochene Welt und für uns ganz persönlich. Wenn wir immer wieder neue Hoffnung schöpfen können, gründet sich das darin, dass wir zu seinem Ebenbild geschaffen sind.

Außerdem sind wir in unseren Hoffnungen stark mit anderen Menschen verbunden. Deshalb ermutigt es zu wissen, dass andere für uns hoffen und beten, wenn wir selbst dazu gerade nicht in der Lage sein sollten.

Genau genommen ist das geflügelte Wort „die Hoffnung stirbt zuletzt" noch zu kurz gedacht. Die Hoffnung stirbt in den Beziehungsgeflechten nie, denn immer wieder wird sie von jemandem neu entfacht, der an Lebensentfaltung und Zukunft für das Ganze glaubt.

So sollten wir anderen zutrauen, die besten Wünsche und Hoffnung für uns zu hegen bzw. gehegt zu haben.

Dass das nicht leicht ist, zeigt die Erfahrung von Marita. Ihr leuchtete durchaus ein, dass die Menschen in aller Regel wollen, dass es gut mit dem Leben auf dieser Erde weitergeht. Doch als sie sich vorstellen sollte, dass ihr Vater zu ihr sagen würde: „Marita, ich will, dass es dir gut geht", sträubte sich etwas massiv in ihr. Damit war eine wichtige Aufgabe beschrieben: Es grundsätzlich erst einmal für möglich halten, dass es tief im Herzen des Vaters diesen Impuls des Wohlwollens gab. Als sie diese Aussicht immer wieder bewegte, bis sie sich in ihrem Herzen verankert hatte, schöpfte sie daraus Mut und Kraft für ihren Weg.

Zum Einüben

Impuls 1:

Fragen Sie sich: Wie groß ist Ihre Hoffnung, dass Sie sich in fünf Jahren spürbar glücklicher und in Ihren Beziehungen sicherer fühlen, als es zurzeit der Fall ist?

Impuls 2 (insbesondere zur Glaubensstärkung):

Versuchen Sie sich vorzustellen, wie Gott auf diese Welt schaut. Uns ist es manchmal schon zu viel, all das Elend in den Medien zu verfolgen. Aber Gott sieht viel mehr und fühlt mit jedem leidenden Menschen.

Und nun denken Sie daran, wie Gott für diese ganze Welt, jeden einzelnen Menschen und natürlich auch für Sie Hoffnung hat.

Bewegen Sie die Sehnsucht oder das Gebet, dass ein klein wenig von dieser Zuversicht auf Sie abfärbt.

Impuls 3:

Inwieweit hoffen andere Menschen mit Ihnen, dass Ihr Leben gelingt und Sie an Ihrem Lebensende vor allem dankbar zurückschauen können? Wer fällt Ihnen da ein?

Für eine konkrete Schwierigkeit
Impuls 4:
Bedenken Sie folgende Fragen:

- Inwieweit hoffen Sie, dass die momentane Schwierigkeit bald überwunden ist?
- Wer teilt diese Hoffnung konkret mit Ihnen?
- Wer aus Ihrer Verwandtschaft wünscht sich wohl, dass es Ihnen gut geht? Wessen gute Wünsche begleiten Sie? Wer würde mit Ihnen bangen, wenn er oder sie von Ihrer Situation Genaueres erführe?

Aus der Seelsorgepraxis
Die Seelsorgerin wird gerade mit der Ratsuchenden, die verzagt ist, nach dem Funken Hoffnung suchen, der für den nächsten Entwicklungsschritt so wichtig ist. Dabei ist die Seelsorgerin davon überzeugt, dass es auch in diesem Fall Grund genug gibt, auf Lösung und Wiederherstellung zu hoffen – schließlich gibt es auch für Gott keinen hoffnungslosen Fall.

Der Ratsuchenden, die meint, ihre Geschichte sei besonders verkorkst und deshalb Hilfe unwahrscheinlich, wird sie vermitteln: Du bist ganz normal und nichts Besonderes, nicht einmal durch deine schreckliche Geschichte. Natürlich gilt zugleich das Gegenteil: Sie ist etwas ganz Besonderes und Einzigartiges. Deshalb hat Gott für sie ganz spezielle Ideen und Möglichkeiten für ein erfülltes Leben.

Ein wichtiges Element im Seelsorgeprozesses ist es, die Hoffnung zu stärken, dass das gesteckte Ziel auch erreicht ist.

11. Einsicht: Verwirrung schafft Platz für etwas Neues

Eine systemische These ...

Oft passiert es, dass wir uns durch die gesammelten Erfahrungen auf alte Einschätzungen, Deutungen und Erklärungen festgelegt haben. Dann ist es hilfreich, sich von den destruktiven Bewertungen zu verabschieden und sie durch neue zu ersetzen. Dafür kann es nötig werden, die bestehenden Denkmuster zu verwirren, um Platz für neue Perspektiven zu schaffen.

... und die Bibel

In festgefahrene Muster durch Verstörung einzugreifen, ist eine Vorgehensweise, die Gott selbst immer wieder praktizierte. Dazu ein Beispiel:

Die Menschen in Babel hielten es für eine gute Idee, sich Sicherheit vor Zerstreuung zu verschaffen, indem sie versuchten, sich durch die Erstürmung des Himmels von Gott unabhängig zu machen. *„Wohlauf, lasst uns eine Stadt und einen Turm bauen, dessen Spitze bis an den Himmel reiche, damit wir uns einen Namen machen; denn wir werden sonst zerstreut in alle Länder“* (Genesis 11,4). Tatsächlich führte jedoch gerade dieses Vorhaben durch die Verwirrung der Sprachen zur Entzweiung des Volkes. Dieses Eingreifen Gottes erscheint wie ein Strafgericht. Tatsächlich wollte der Herr damit Schlimmeres verhindern.

Denn Zerstreuung wäre sowieso unumgänglich gewesen, da eine Loslösung von Gott den Menschen den gemeinsamen Orientierungspunkt genommen hätte. Die Einigung über gemeinsame Werte und grundsätzliche Fragen wäre so kaum noch möglich gewesen. Damit wäre eine Kluft in der Beziehung zu Gott und untereinander entstanden, die wesentlich schwerer zu überwinden wäre als Sprachbarrieren.

Gott schaffte also Verwirrung, um den Menschen die Chance zu geben, ihre Denkmuster und Absichten zu hinterfragen.

Auch im Neuen Testament sehen wir: So wertschätzend sich Jesus gegenüber jedem einzelnen Menschen verhielt, so respektlos ging er mit deren blockierenden Denkmustern um. Deswegen verhielt er sich oft so konträr zu dem, was seine Zeitgenossen von ihm erwarteten.

Beobachtungen

Wir scheuen die Verwirrung sehr. Denn wir müssen ja irgendwie der täglichen Informationsflut Herr werden. Mithilfe von Deutungsmustern versuchen wir die Komplexität von Ereignissen, Beziehungen und Prozessen unserer Umwelt zu verstehen, zu kategorisieren und zu kontrollieren, um so die Einschätzung der Welt zu vereinfachen und zweckmäßiges Handeln zu ermöglichen. Diese Deutungsmuster sind für jeden Menschen notwendig, um beim Einschätzen der Umwelt und der eigenen Reaktion nicht ständig überfordert zu sein.

Doch eine Verwirrung kann sehr wichtig sein. Denn manchmal haben wir uns so sehr auf Deutungsmuster festgelegt, dass wir nicht mehr über unseren Tellerrand hinausschauen können. Aufgrund dieses Festgelegtseins finden wir dann auch nicht mehr zu Alternativen im Denken, Fühlen und Handeln.

Dann muss die bisher vorherrschende (und alles andere verstellende) Sicht entmachtet werden.

Ein Qualitätsmanager erzählte mir einmal: Wenn z. B. in der Autoindustrie ein Fehler in der Montage gesucht wird, ohne dass der Fachmann bei der Fehlerursachenüberprüfung nach einigen Tagen zum Ziel kommt, wird ein anderer an die gleiche Aufgabe gestellt. Da dem ersten bei irgendeiner Überlegung oder Berechnung ein Fehler unterlaufen ist – sonst hätte er ja das Ziel erreicht –, darf der zweite sich bei ihm in keiner Weise informieren. Er muss völlig bei null anfangen.

Wenn sich ein technisches Gerät völlig verheddert hat, ziehen wir den Stecker oder drücken die Resettaste. Wenn eine Beziehung nur noch ein Knäuel undefinierbarer Kausalzusammenhänge und Bedürfniskonflikte zu sein scheint, ist es deshalb hilfreich, etwas Abstand zu gewinnen. Dadurch ist es möglich, den Kopf von allem Bisherigen zu entleeren. Unsere Befürchtung, damit unsere Hilflosigkeit nur noch zu verstärken, ist unbegründet.

Besonders wichtig ist eine solche Verwirrung, wenn wir auf ein Thema so versessen sind, dass wir ein bedeutungsvolleres übersehen. Veranschaulichen wir uns dies an einem Beispiel: In einer Fernsehdokumentation wird eine 27-jährige Frau vorgestellt, die zunächst 220 kg wog. Mithilfe einer Magenverkleinerung verlor sie in den folgenden Monaten etwa 75 Kilo. Dies war sicherlich ein großer Erfolg für die Betroffene.

Doch systemisch durchdacht springt noch mehr ins Auge: Denn die Frau wohnte bei ihrer Mutter, welche erzählte, dass sie Suizid begehen würde, wenn ihre Tochter an den Folgen ihrer Fettleibigkeit sterbe.

Ebenso offensichtlich wie das Leiden der jungen Frau war also, dass ihre Mutter keinen anderen Lebenssinn zu haben schien, als für ihr Kind zu sorgen. Durfte ihre Tochter wirklich selbstständig werden? Müsste sie nach Überwindung ihrer Einschränkung nicht ein neues Problem entwickeln, um die Fürsorge der Mutter zu rechtfertigen?

In der Dokumentation wurde offensichtlich, wie sehr sich alle ausschließlich auf die qualvollen Folgen der Fettleibigkeit und auf deren Überwindung fokussierten. Vielleicht wäre es hier sinnvoll gewesen, die Idee zu verwirren, dass durch Gewichtsabnahme das Grundproblem gelöst wäre. Etwas wirklich Neues und dauerhaft Befreiendes könnte in der Erlaubnis als Tochter bestehen, ein Leben in Selbstständigkeit zu führen – auch wenn diese Lösung nicht in direktem und offensichtlichem Zusammenhang mit dem Problem steht.

So sollten auch wir beachten, dass das ausschlaggebende Thema ein ganz anderes sein könnte, als wir vermutet haben.

Eine kleine Einübung der heilsamen Verwirrung ist der Alltagshumor. Durch ihn versuchen wir, der Verbissenheit und erstarrten Denkmustern zu begegnen. Gerade wenn wir uns selbst auf den Arm nehmen, fühlt sich die Situation nicht mehr so belastend an. Dies zeigt sich z.B. in einem jüdischen Witz, der auf die teilweise belastenden Reinheitsvorschriften anspielt. So stellt Herr Seligman fest: „Ich nehme einmal im Jahr ein Bad. Egal, ob ich es nötig habe oder nicht."

Zum Einüben

Impuls 1:

Umfahren Sie Ihre Augenhöhlen mit einem oder zwei Fingern. Gehen Sie dabei dem Gedanken nach: Das ist mein kleines Fenster zur Welt. Es ist mein Blickwinkel, der seine Geschichte – und in vielem auch seine Berechtigung – hat. Aber er bildet nur einen winzigen Ausschnitt der Realität ab. Und auch Gott mit seinen ungeahnten Möglichkeiten und seiner Liebe zu mir ist völlig unermesslich.

Impuls 2 (insbesondere zur Glaubensstärkung):

Wollen Sie Gott einmal sagen: Manchmal verstehe ich dich nicht und bin sehr verwirrt, wie diese Welt und mein Leben zu verstehen sind. Aber ich muss auch gar nicht alles verstehen. Und vielleicht sollte ich zustimmen, wenn du manche meiner Fragen unbeantwortet lässt.

Für eine konkrete Schwierigkeit

Impuls 3:

Wenn Sie zu Bewertungen gekommen sind (z.B.: diese Person hat etwas gegen mich), bewegen Sie einmal den Satz: „Es kann alles noch ganz anders sein." Damit wissen Sie zwar noch nicht, was eigentlich los ist. Dennoch kann dieser Gedanke schon einmal zu einer emotionalen Auflockerung führen, da die frustrationsgetränkte Wahrnehmung nicht als die einzig mögliche betrachtet wird und so schon ein wenig von ihrer Macht verliert.

Impuls 4:

Stellen Sie sich vor, all Ihre bisherigen Erklärungen und Deutungen für diese Angelegenheit lägen vor Ihnen wie Zettel oder Bücher auf einem Tisch. Wie geht es Ihnen bei der Vorstellung, einfach mal Tabula rasa (reinen Tisch) zu machen, um für ganz neue Ideen offen zu sein?

Beobachten Sie, inwiefern Ihnen diese Vorstellung leicht- bzw. schwerfällt. Woran mag das liegen (vielleicht, weil Sie befürchten, dass der „Tisch" dann einfach zu leer ist)?

Aus der Seelsorgepraxis

In einem systemischen Prozess ist eine Phase der Verwirrung vor allem dann wichtig, wenn sich die Ratsuche auf bestimmte Deutungen festgelegt hat. Dann sollte eine Irritation der bisherigen erfolglosen Denkmuster erfolgen. In einer solchen Phase der Verwirrung weiß keiner der Beteiligten, wie es jetzt weitergehen soll.

Manchmal reicht es schon aus, wenn die Seelsorgerin die Erklärungen der Ratsuchenden nicht weiter verfolgt. Oftmals wird sie jedoch ihre Aufmerksamkeit auf etwas anderes lenken, indem sie eine Frage stellt, die gar nichts mit dem Gesagten zu tun zu haben scheint. Beispielsweise kann die Seelsorgerin fragen, was die Geste der Ratsuchenden gerade bedeuten könnte.

Wenn die Ratsuchende dann sagt: „Jetzt bin ich aber verwirrt", wird das von der Seelsorgerin als positiv und Fortschritt bewertet. Sie ist frei von der Befürchtung, aus der Verwirrung nicht mehr herauszufinden, weil sie sich sicher ist: Sobald Platz für etwas Neues geschaffen ist, kann es sich entfalten.

Oft sind Ratsuchende überrascht, dass im systemischen Prozess die Aufmerksamkeit nun auf einem Zusammenhang liegt, dessen sie sich bisher nicht bewusst waren. Auch dies ist als ein gutes Zeichen zu werten, denn für die Lösung ist ja gerade diese Perspektiverweiterung unverzichtbar.

Manchmal erschließt sich innerhalb einer Beratungssitzung (noch) nichts Neues. Auch dem ist mit Gelassenheit zu begegnen. Eine von Fritz Simon empfohlene Mischung für therapeutische Abschlusskommentare[9] möchte ich auf Seelsorgeprozesse beziehen: „ein Drittel Altbekanntes, ein Drittel Neues und ein Drittel Unverständliches."

9 Simon, Fritz B. / Rech-Simon, Christel: Zirkuläres Fragen. Heidelberg 2007. S. 284.

Das Unverständliche basiert natürlich nicht auf mangelnder Nachvollziehbarkeit und Transparenz des Seelsorgeprozesses. Es soll auch nicht dazu bestimmt sein – wie Simon behauptet –, die Autorität des Therapeuten zu stärken. Stattdessen entsteht es aus jenen Gedanken und Gefühlen, die in der folgenden Zeit erst noch ihren Platz finden müssen.

12. Einsicht: Unsere Vorstellungskraft bringt uns dem Ziel näher

Eine systemische These ...

Lösungsorientiert eine Situation zu betrachten, heißt auch, dem Vergangenen nicht mehr Beachtung zu schenken, als es unbedingt nötig ist. Wenn wir uns mit früheren Erfahrungen auseinandersetzen, dann passiert das vor allem im Sinne eines Abschiednehmens von dem Unabänderlichen. Man betrauert noch ein wenig das Verlorene und konzentriert sich auf das Verbleibende. So liegt die Aufmerksamkeit vorrangig auf der Gegenwart und den Möglichkeiten der Zukunft.

Wenn wir unsere Vorstellungskraft dazu nutzen, uns das Neue in möglichst vielen Details auszumalen, nehmen wir bereits Kontakt zu unserem Ziel auf. Dadurch rückt die angestrebte Lösung etwas mehr in greifbare Nähe.

... und die Bibel

Gott ist in seinem Wort sehr zukunftsorientiert. Zwar leitete Gott sein Volk im Alten Testament an, ein Geschichtsbewusstsein zu pflegen. Doch das Betrauern und Beklagen der Niederlagen und Verluste hatte stets seine Zeit. Bald sollte der Blick dann wieder vorwärts gewandt sein.

So fordert uns die Bibel auf, Vergangenes hinter uns zu lassen und uns stattdessen vorwärts gewandt auszumalen, welche Chancen die irdische und himmlische Zukunft bereithält (Jesaja 43,18.19; Jeremia 29,11; Lukas 9,62; u.v.a.).

Auffällig ist beim Bibellesen des Weiteren, welchen Einfluss die Zusagen für die Zukunft – sogenannte Verheißungen – auf unser Tun und unsere Befindlichkeit haben. Nur mit der Vorstellung von dem Verheißenen Land, in dem Milch und Honig fließen, war der beschwerliche Auszug des Volkes Israel aus Ägypten möglich.

Beobachtungen

„Ich habe einen Traum", sagte einst Martin Luther King. Diese Aussage haben seine Freunde und Feinde sehr ernst genommen – und zwar nicht, weil seine Vision so leicht umzusetzen wäre, sondern weil die Kraft dieser Sehnsucht durch nichts aufzuhalten war. Der Traum begann Wirklichkeit zu werden, als Schwarze und Weiße die gleichen Chancen auf einen Sitzplatz im Bus bekamen. Heute ist Kings Vision so sehr Realität, dass in den USA nun unabhängig von der Hautfarbe jede und jeder überall Platz nehmen darf – selbst auf dem Stuhl des Präsidenten.

Auch in unserem Alltag ist es wichtig, Vorstellungskraft für das Neue aufzubringen. So kann über das Benennen einer Lösung hinausgegangen werden, indem wir uns ausmalen, wie es uns gehen wird, wie es sich anfühlen wird und welche Folgen die Veränderung für uns und die anderen haben wird.

Solche Visionen zu entwickeln, motiviert und schwächt die Macht des Bisherigen. Außerdem bringen sie uns in Kontakt mit den Ressourcen und der Lösung. Bei dem Setzen von Zielen ist nun Folgendes zu beachten:

Das Einzelne zählt. Unsere Visionen werden vielleicht nicht in die Geschichtsbücher eingehen, und doch werden sie in unseren Beziehungsgeflechten Geschichte schreiben. Wem das zu winzig und zu punktuell erscheint, führe sich vor Augen: Jedes Bild besteht aus vielen Punkten. Wer die einzelnen Punkte gering schätzt, wird nie das ganzes Bild erblicken können.

Veränderungen sind immer möglich. Manchmal geben wir die Hoffnung auf, dass sich an unserer Situation etwas ändern kann. Z.B. in den Gefühlen gegenüber einem wichtigen Menschen. Doch alles Lebendige, und damit auch unsere Emotionen, sind ständig in Bewegung. Dafür bietet jeder Tag eine neue Chance, an die man vielleicht gar nicht mehr geglaubt hat.

Es muss nicht alles Wirklichkeit werden. Wir fürchten uns mitunter sehr vor zerplatzten Träumen. Das einzige Mittel, uns vor solchen Frustrationen zu schützen, scheint zu sein, möglichst wenig zu erwarten. Damit würde uns aber Antriebslosigkeit bestimmen und uns nach und nach die Lebensfreude verloren gehen.

Deshalb ist es eine zwar mühsame, aber auch sehr lohnenswerte Aufgabe, in folgender Haltung Sicherheit zu gewinnen: die große Befreiung erwarten, ohne darauf versessen zu sein, dass es genau so passiert, wie man es sich vorgestellt hat.

Zum Einüben

Impuls 1:

Betrachten Sie anhand der folgenden Fragen, wie viel Vorstellungskraft Ihnen für Ihre Ziele zur Verfügung stehen:

- Was möchten Sie in Ihrem weiteren Leben erleben und erreichen?
- Welche Vorstellung haben Sie von Ihrem Leben in fünf oder zehn Jahren?
- Können Sie sich vorstellen, wie Sie in Zukunft Reifungsschritte unternehmen und davon profitieren?

Impuls 2 (insbesondere zur Glaubensstärkung):

Eine Zusage aus Psalm 126 verheißt uns, dass wir einmal sein werden wie die Träumenden. Überlegen Sie, wozu Gott uns die Gabe unserer Fantasie vorwiegend gegeben hat:

A. um Ängste und Sorgen zu schüren,
B. um sich vorstellen zu können, was Gott für uns bereithält.

Gerade weil das Destruktive in unseren Gedanken oft so präsent ist, sind Sie eingeladen, einmal zu versuchen sich vorzustellen, wie Gott eine himmlische Wohnung für Sie vorbereitet hat (vgl. Johannes 14,1-3).

Für eine konkrete Schwierigkeit

Impuls 3:

Markieren Sie auf dem Fußboden durch einen Gegenstand oder ein Blatt Papier einen Platz für das Problem (das in der Gegenwart besteht) und einen weiteren für die Lösung (die in der Zukunft verfügbar sein soll). Nun bestimmen Sie einen Ort für Futur II. Diese Zeitform beschreibt hier eine zukünftige Metaperspektive, von der aus Sie sagen können: „Ich werde das Problem gehabt haben." In dieser Zukunft haben Sie die Schwierigkeit nicht nur gerade überwunden, sondern Sie haben so viel Abstand, dass Sie es sich eigentlich gar nicht mehr vorstellen können, sich mit diesem Problem herumgeschlagen zu haben. Auch wenn es sein kann, dass diese Perspektive erst im Reich Gottes möglich ist, dürfen Sie sich ausmalen, dass es solch eine Position geben wird.

Nun stellen Sie sich an die einzelnen Plätze. Erst auf das gegenwärtige Problem, dann auf die zukünftige Lösung und dann auf Futur II. Von diesem dritten Platz aus können Sie nun auf das Problem schauen. Gehen Sie dem Versuch nach, über Ihre Schwierigkeit zu schmunzeln, weil es nun unvorstellbar scheint, dass es jemals eine Bedeutung und Wirkung gehabt hat. Dann kehren Sie zum Platz der gegenwärtigen Herausforderung zurück und beobachten, inwieweit sich in Ihrer Wahrnehmung etwas verändert hat.

Aus der Seelsorgepraxis

Die Seelsorgerin unterscheidet, wann es nötig ist, Vergangenes zu betrachten, und wann dies der Lösung nicht dient. Außerdem unterstützt sie die Ratsuchende darin, so intensiv wie möglich mit dem Ziel in Kontakt zu kommen. Dazu ist die Vorstellungskraft eine entscheidende Gabe, die Ratsuchende und Seelsorgerin gemeinsam entfalten.

Um für das Neue Fantasie zu entwickeln, gibt es zahlreiche systemische Instrumente, wie z.B. die Wunderreise. Dabei stellt sich die Ratsuchende vor, dass in der nächsten Nacht ein Wunder der Erleichterung passiert. Was wäre dann am nächsten Morgen anders? Mit welchen Gedanken und Gefühlen würde sie aufwachen? Wie würde sie die ersten Schritte in den neuen, ganz anderen Tag gehen? Welche Veränderung gäbe es aufgrund des Wunders, wenn sie bestimmten Menschen begegnet?

Und vielleicht findet sich ja unter dem Vorgestellten eine Veränderung, die gar nicht so schwer und sehr zeitnah umzusetzen ist.

Ausrichtung: Ganzheitlichkeit

Wir fühlen uns oft nicht nur von unseren Mitmenschen getrennt, sondern sind auch mit uns selbst uneins. Die Isolation gegenüber anderen und die innere Zerrissenheit hängen dabei zusammen. Denn Beziehungsschwierigkeiten haben auch etwas mit unserer eigenen Unsicherheit zu tun, wer wir eigentlich sind. Und unsere gelingenden oder missglückten Beziehungen zu anderen Menschen oder Gott wirken sich natürlich auf unsere Selbstwahrnehmung aus.

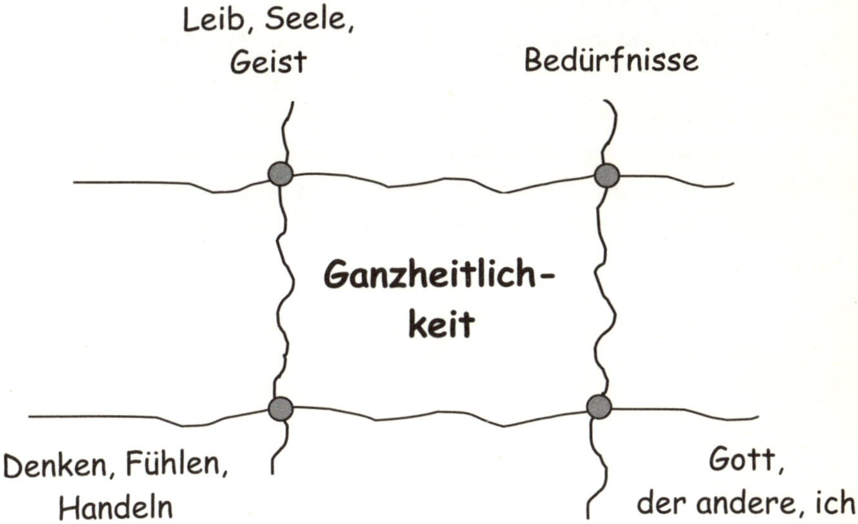

Letztlich streben wir in all unseren Bemühungen an, uns vollständiger zu fühlen. Dazu möchte Gott uns unterstützen, das Trennende zu überwinden: in der Beziehung zwischen ihm und seiner Schöpfung, zwischen den Menschen untereinander sowie zwischen den Bewegungen innerhalb einer Persönlichkeit.

Wie kann uns nun systemisches Denken diesem Ziel näherbringen?

Zunächst ist festzuhalten: Nicht nur unsere Beziehungsgeflechte, sondern auch unser Leben mit all seinen biografischen Verflechtungen und einzelnen Wesenszügen kann als ein System betrachtet werden. Auch hier gilt, dass allem, was dazugehört, auch unangefochten ein Platz und Achtung zusteht.

Systemisch betrachtet haben auch innerhalb unserer Persönlichkeit die einzelnen Elemente für sich genommen keine erhebliche Bedeutung, weil das Entscheidende deren Verbindung und Beziehung ist.

Nun ziehen wir immer wieder (meist unbewusst) neue Trennlinien. Wir tun das in der Absicht, etwas überschaubarer und kontrollierbarer zu machen.

Wenn wir jedoch auf diese Grenzziehungen verzichten, treten die Beziehungen zwischen einzelnen Persönlichkeitsdimensionen mit all ihrem Potenzial hervor. Dadurch können wir die Möglichkeiten der vernachlässigten Aspekte unseres Seins erschließen. Eine ganzheitliche Schau auf unsere inneren Anteile zur Überwindung von Abspaltung und Zerrissenheit ist deshalb der Weg – und mitunter ein Stück des Zieles.

13. Einsicht: Wir sind ganz Leib, Seele und Geist

Eine systemische These ...

Systemisches Denken hebt hervor: Wenn wir Leib, Seele und Geist voneinander getrennt betrachten, kann das eine Ursache oder Bestandteil unserer Schwierigkeiten sein. Deshalb wirkt es heilsam, sich mehr als ganzen Menschen zu begreifen. Bei alledem geht es um Ausgewogenheit und Umsichtigkeit. Beispielsweise sollten bei dem Bewegen sozialer und psychischer Fragen die körperlichen Aspekte der Befindlichkeit ausreichend berücksichtigt werden.

Damit geben wir den Versuch auf, unser Sein analytisch zu verstehen und z.B. Seele und Geist voneinander zu unterscheiden. Denn alles hängt nicht nur miteinander zusammen, sondern bildet nur gemeinsam ein fruchtbares Ganzes. Dabei wissen wir nicht, was unter Seele oder Geist wirklich zu verstehen ist. Wichtig ist in diesem Zusammenhang, dass wir Menschen im Gegensatz zu den Tieren über die Fähigkeit verfügen, Gott zu begegnen. Diese Möglichkeit haben wir im Blick, wenn wir im Folgenden von Geist sprechen.

... und die Bibel

Gott hat es gefallen, die Bibel größtenteils durch Hebräer schreiben zu lassen. Da Ganzheitlichkeit tief im Gedankengut dieser Volksgruppe verankert war, ist auch die Bibel durch diese Sichtweise geprägt.

Das hebräische Wort *Schalom,* das bis heute für das jüdische Leben prägend ist, verdeutlicht, wie man einen Aspekt nicht für sich sieht, sondern in seiner Gesamtheit betrachtet. Diese Begrüßungsformel, die auch am Ende der Sabbatfeier und damit am Beginn der neuen Woche steht, bedeutet neben *Unversehrtheit, Heil* und *Frieden* auch: *Ganzheit, Vollständigkeit, Wiederherstellung.* Damit geht der Begriff sehr viel tiefer als der übliche Gebrauch des Wortes Frieden. Denn wenn sich Menschen einigen und Frieden schließen, sind und bleiben sie stets völlig eigenständige Personen oder Gruppen. Bei dem Ausdruck *Schalom* geht es aber um eine Verbundenheit, die besagt, dass das eine ohne das andere nicht vollständig ist. Stattdessen bleibt es unzulänglich, bis eine Wiederherstellung der Ganzheit erfolgt. So greife ich bei der Beschreibung von Ganzheitlichkeit gelegentlich auf das umfassendere und schönere Wort Schalom zurück.

Wenn wir nun das miteinander Verwobensein von Leib, Seele und Geist tiefer erfassen wollen, hilft es uns, den hebräischen Sprachgebrauch besser zu verstehen. Dabei wird unser analytisches Denken zunächst erheblich verwirrt.

Näphäsch ist beispielsweise einer der hebräischen Begriffe, der zwar meist mit Seele übersetzt wird – jedoch in den seltensten Fällen das meint, was wir unter Seele oder Psyche verstehen. Ursprünglich stand dieses Wort für *Schlund*, *Kehle* und *Lebenskraft* und beschreibt damit nichts Geistiges. In seinem alttestamentlichen Gebrauch bedeutet es *„ich selbst"* und stellt damit eine Bekräftigung der Persönlichkeit und Identität dar. *Näphäsch* beschreibt einen Menschen in seiner Ganzheit, seinem Schalom. Der Begriff wird auch im Schöpfungsbericht verwendet, um den Menschen als lebendiges Wesen zu beschreiben (Genesis 2,7). Es ist nicht von etwas die Rede, das der Mensch *hat*, sondern das er *ist*.

Wenn *näphäsch* mitunter als Sitz von Gefühlen gebraucht wird und der hebräische Begriff *basar* von Luther (als *Fleisch* übersetzt) den Leib meint, würde es dem biblischen Denken überhaupt nicht entsprechen, beide Begriffe als Gegensätze zu verstehen. Für den Hebräer sind beides Aspekte, die nicht voneinander getrennt betrachtet werden können, sondern die miteinander verschmolzen sind. So werden u.a. in Psalm 63,2 beide Begriffe als völlig austauschbar verwendet: *„Gott, ... es dürstet meine Seele* (näphäsch) *nach dir, mein Fleisch* (basar*) verlangt nach dir ...*" (Luther). Der 1984 revidierte Text übersetzt auch *„mein ganzer Mensch verlangt nach dir"*.

Von dem beschriebenen hebräischen Denken waren auch die Aussagen von Jesus und den Aposteln bestimmt.

So geht es in der Bibel niemals um einen Teil von uns, sondern stets um unsere ganze Persönlichkeit.

Leib, Seele und Geist gegeneinander auszuspielen und Wertigkeiten aufzustellen, wäre ebenso absurd, wie darüber zu diskutieren, wer wichtiger ist, Vater, Sohn oder Heiliger Geist.

Beobachtungen

Warum ist heute der Ruf nach Ganzheitlichkeit so laut? Die Welt wurde im Laufe des 20. Jahrhunderts immer komplizierter und unüberschaubarer. Die Menschen wurden immer ungebundener von den Orten, an die sie zu Fuß oder zu Ross gelangen konnten. Deshalb besteht nun die größte Schwierigkeit nicht mehr darin, immer mehr Informationen zu sammeln. Vielmehr muss die enorme Wissensfülle sortiert werden, um herauszufiltern, was davon wirklich von Bedeutung ist. Um sich von dem Unüberschaubaren nicht völlig verrückt machen zu lassen, konzentriert man sich nun auf einzelne Teile des Ganzen. Aus diesen Elementen versucht man sich ein übersichtliches Bild zu basteln, das dadurch natürlich eingeschränkt ist. Das ist vor allem dann problematisch, wenn es sich nicht um leblose Dinge handelt, sondern um unsere Persönlichkeit, die einzigartig und sehr komplex ist.

So reduziert fühlte ich mich neulich während der Anmeldung zu einer fachärztlichen Vorsorgeuntersuchung, bei der ich mit einem sicherlich notwendigen Fragebogen konfrontiert wurde. Als ich die 50. Spalte ankreuzte, seufzte ich: „Nein, schwanger bin ich auch nicht.“ Oder vielleicht bin ich doch ein bisschen schwanger mit dem Überdruss, so viele Fragen beantworten zu müssen, die zwar etwas über mich auszusagen scheinen, die mich aber trotzdem zusammengenommen nicht einmal ansatzweise beschreiben können.

Wie wir kurzerhand auf wenige Aspekte unseres Seins reduziert werden, zeigt sich im Umgang mit dem Internet. Die Macher der Suchmaschine Google meinen, durch die Auswertung unserer Suchanfragen mehr über uns zu wissen, als wir über uns selbst.[10] Aber was sagt das schon aus? Denn es bleibt völlig unklar, was von dieser Da-

10 vgl. „Ende der Privatheit“. Spiegel-Online. 11.1.2010

tenmenge von Bedeutung ist – für meine momentane Situation und erst recht für meine Selbstfindung.

So sehnen wir uns nach Überwindung des Aufgespaltenseins, der bruchstückhaften Betrachtung derer, die irgendetwas von uns wollen, uns aber nicht als ganze Person sehen. Deshalb wollen wir im Sinne des Schalom gesehen werden. Denn wir spüren, dass wir dadurch mehr Freiheit erlangen, auch ganzheitlich (oder mit einem anderen Wort: systemisch) zu denken und zu fühlen.

So sollten wir das In-sich-Verknüpft-Sein deutlicher wahrnehmen. Wenn wir beispielsweise etwas für die Seele tun wollen und freundschaftliche Begegnungen pflegen, sollten auch die leiblichen Bedürfnisse nicht zu kurz kommen. Tun wir etwas für unsere Fitness, ist unser Körper nur dann gestärkt, wenn wir dabei Freude hatten und nicht einem Fitnesswahn auf Kosten unserer Seele verfallen sind.

Auch im Hinblick auf unsere Beschwerden greift alles so ineinander, dass wir es nicht voneinander getrennt betrachten können. Stets ist von den Einschränkungen unseres Leibes auch die Seele betroffen. Umgekehrt gibt es kein seelisches Leid, das nicht auch Auswirkungen auf unseren Körper hätte. Ebenso wirkt sich unsere Beziehung zu Gott unterstützend oder problematisch auf die anderen Seiten unserer Persönlichkeit aus.

Dies alles steht in so enger Verbindung, dass sich die verschiedenen Seiten unseres Seins wechselseitig bedingen.

In der tiefsten Krise des Elia, so wie sie 1. Könige 19 beschreibt, wird diese Verknüpfung deutlich. Hatte er ein seelisches Problem, als er depressiv war und sogar sterben wollte, weil er Gott nicht mehr verstand? Oder waren die seelischen Symptome die Ursache für die geistliche Krise? Natürlich können wir solche Fragen nicht beantworten. Doch das müssen wir auch nicht, da unser Fokus auf die Ursachen für die Zielerreichung ohnehin so gut wie nutzlos ist.

Manchmal fällt es uns schwer, alle drei Dimensionen unserer Persönlichkeit zu überschauen. Dann versuchen wir uns auf eine Seite unseres Seins zu konzentrieren, um diese gut im Blick zu haben und wenigstens darin stark zu sein. Doch genau dies funktioniert nicht.

Denn wenn wir dabei eine andere Facette des Ganzen vernachlässigen, schwächen wir die anderen beiden Elemente unserer Identität – unter Umständen auch die, auf die wir uns konzentriert haben.

Besonders die Wertschätzung der eigenen Leiblichkeit fällt in unserer Kultur schwer. Der Begriff „Leib" ist in unserem Sprachgebrauch längst durch „Körper" ersetzt. Doch dieses Wort beschreibt bloß ein physikalisches Phänomen. Sich als solches anzusehen, ist nicht gerade erhebend. Jemand hat einmal gesagt, es sei wohl die größte aller Einsamkeiten, den eigenen Leib nicht mehr spüren zu können.

Es fällt uns schwer, im Umgang mit der eigenen Leiblichkeit eine ausgewogene Haltung zu finden. So kann die Konzentration auf körperliche Schönheit und Fitness unter Vernachlässigung der Seele und des Geistes dazu führen, dass der eigene Leib vergöttert wird. So viel Aufmerksamkeit tut unserem Leib nicht gut – zumal spätestens durch das Älterwerden Frust vorprogrammiert ist.

Ebenso fatal ist es, auf der anderen Seite vom Pferd zu fallen. Denn das andere Extrem, unsere Leiblichkeit gering zu schätzen, wirkt sich in allen Dimensionen einschränkend auf unsere Befindlichkeit aus.

Paulus hebt die Bedeutung unserer Leiblichkeit hervor, indem er unseren Leib als Tempel des Heiligen Geistes betrachtet (vgl. 1. Korinther. 6,19). Welchen Stellenwert damit die Leiblichkeit bekommt, wird deutlich, wenn wir uns vor Augen führen, dass der Tempel für die Juden das Heiligste war, das man sehen konnte.

Außerdem sollten wir nicht unbeachtet lassen, dass unser Leib ein Meisterstück aus der Werkstatt Gottes ist und die Handschrift des allmächtigen Schöpfers trägt. Solch eine Wertschätzung ist uns nicht möglich, wenn wir uns an unserer Unvollkommenheit unter dem Blickwinkel perfektionistischer Schönheitsideale reiben.

Ein weiterer Aspekt der Heiligkeit unseres Leibes ist seine Unantastbarkeit. Deshalb darf er von anderen nicht einfach ohne unsere Einwilligung berührt werden. Nach dem ursprünglichen Plan Gottes bedarf es darum einer heiligen Handlung, nämlich der Eheschließung, welche dieses Verbot, einander überall berühren zu dürfen, exklusiv für eine Person aufhebt.

Sexuelle Übergriffe hätten nicht solche katastrophalen Folgen auf die ganze Persönlichkeit, wenn der Körper nur ein Ding wäre, das von dem sonstigen Sein getrennt gehandhabt werden könnte.

Zum Einüben

Impuls 1:

Fragen Sie sich: In welchen Situationen hatten Sie den Eindruck, dass sich ein anderer nicht für Sie als ganze Persönlichkeit, sondern nur für einen bestimmten Aspekt interessiert? Wann ist eine solche Betrachtungsweise angemessen? Wann ist sie Ihnen hingegen unangenehm, weil Sie sich auf einen kleinen Teil Ihres Seins reduziert, austauschbar oder sogar erniedrigt fühlen? Wo müssen Sie sich schützen?

Überlegen Sie weiter: Unter welchen Umständen gehen Sie mit anderen genauso um, (d.h. dass Sie sich nicht für die Person als Ganzes interessieren)? Wann passt eine solche Perspektive und wann ist sie fehl am Platz, weil mehr Aufmerksamkeit für die Person möglich und angebracht wäre?

Versuchen Sie herauszufinden, wie Sie durch mehr Klarheit und Unterscheidungsvermögen in diesem Zusammenhang Ihre Beziehung zu anderen sowie Ihr Selbstwertgefühl stärken können.

Impuls 2:

An Seele und Geist geheiligt zu sein, lässt sich leichter nachvollziehen, als am Leib geheiligt zu sein. Gehen Sie mit Ihrer Aufmerksamkeit durch Ihren Leib und beschreiben Sie die einzelnen Körperteile mit dem Wort: „geheiligt". In welcher Region fällt es Ihnen leicht, der Heiligkeit nachzuspüren, wo fällt es Ihnen hingegen schwerer?

Impuls 3 (insbesondere zur Glaubensstärkung):

Gehen Sie dem ungewöhnlichen Gedanken nach:

Weil Ihr Leib ein Tempel des Heiligen Geistes ist, handelt es sich um einen zutiefst geistlichen Auftrag, ihn wertzuschätzen. Eine natürliche, ausgewogene Beziehung zu ihm aufzubauen, stärkt zudem die Beziehung zu Gott, Ihrem Schöpfer und Begleiter.

Für eine konkrete Schwierigkeit

Impuls 4:

Auf welche Facette Ihrer Persönlichkeit wirkt sich das Problem vorrangig aus (seelisch, körperlich, geistlich)? Beobachten Sie, inwiefern auch die anderen Bereiche betroffen oder davon beeinflusst sind. Überlegen Sie, welche Verknüpfungen Sie leicht übersehen könnten:

- Wenn es sich vorrangig um ein körperliches Problem handelt, fragen Sie sich, inwieweit Seele und Geist davon auch betroffen sind.
- Handelt es sich um ein seelisches oder geistliches Problem, denken Sie über die Auswirkungen auf Ihre leibliche Befindlichkeit nach.

Aus der Seelsorgepraxis

Unsere Persönlichkeit ist als ein System zu verstehen, in dem ebenso wie in Beziehungsgeflechten gilt: Was einem Glied passiert, passiert auch allen anderen. Die einzelnen Facetten unserer Persönlichkeit wissen deswegen auf ihre eigene Art und Weise viel voneinander. Beispielweise geht man heute davon aus, dass gravierende seelische Erfahrungen nicht nur im Kopf, sondern auch im Gewebe gespeichert sind.

Diese Verflochtenheit wird in der Systemischen Seelsorge berücksichtigt. Beispielsweise wird danach gefragt, in welcher Region des Leibes sich ein seelisches Problem niederschlägt und wo in diesem Zusammenhang die Ressourcen in der eigenen Befindlichkeit zu suchen sind. Auch in der Arbeit mit Aufstellungen durch Bodenanker oder Repräsentanten sind leibliche Wahrnehmungen ausschlaggebend, um zu Lösungsansätzen zu gelangen. Am wichtigsten ist jedoch, dass die systemische Seelsorgerin ein Verständnis von Schalom hat, das die Ratsuchende ggf. über die Fixierung auf ein bestimmtes Symptom hinausführt.

14. Einsicht: Unsere Bedürfnisse sind miteinander verwoben

Eine systemische These ...

Unsere Erfahrungen mit den drei Seiten unseres Seins sind stark von unseren Bedürfnissen geprägt. Deshalb lohnt es sich, die Verbindung und Beziehung zwischen den einzelnen Wünschen und Bestrebungen gesondert zu betrachten. Dabei wird deutlich, dass man jeweils die Bedürfnisse von Leib, Seele und Geist im Blick haben sollte, um ausgewogene Zufriedenheit zu erlangen. Auf der anderen Seite entdecken wir eine neue Facette unseres Schalom, wenn wir erkennen, wie die Bedürfnisse der drei Dimensionen einander bedingen. Dann können wir ein Bedürfnisdefizit einer Persönlichkeitsdimension zumindest teilweise aus einer Ressource eines der anderen Bereiche füllen.

... und die Bibel

In der Bibel wird immer wieder deutlich, wie töricht es ist, sich auf eine Seite unserer menschlichen Bedürfnisse zu konzentrieren und die anderen außer Acht zu lassen.

Jesus erzählte in einem Gleichnis von dem Kornbauern, der nach einer überaus guten Ernte folgende Entscheidung trifft:

> *„Das will ich tun: Ich will meine Scheunen abbrechen und größere bauen und will darin sammeln all mein Korn und meine Vorräte und will sagen zu meiner Seele: Liebe Seele, du hast einen großen Vorrat für viele Jahre; habe nun Ruhe, iss, trink und habe guten Mut!“ (Lukas 12,18.19)*

Dieser Mensch ist dem weitverbreiteten Sicherheitsbedürfnis nachgegangen und hat seine Anstrengungen für die Anhäufung äußeren Reichtums gebündelt. Er erhofft sich davon, als ganzer Mensch zur Ruhe zu kommen. Diese Vorstellung basiert aber auf einem Betrug, den Jesus auch im Gleichnis vom vierfachen Ackerfeld anspricht, nämlich dem Betrug des Reichtums (vgl. Matthäus 13,22), dem auch wir schnell erliegen könnten.

So musste Gott dem Kornbauern sagen: *„Du Narr! Diese Nacht wird man deine Seele von dir fordern; und wem wird dann gehören, was du angehäuft hast?“* Jesus schlussfolgerte: *„So geht es dem, der sich Schätze sammelt und ist nicht reich bei Gott“* (Lukas 12,20.21).

In der Geschichte verdeutlicht Jesus, was der Seele (nicht) guttut – also was nach dem hebräischen Sprachgebrauch Jesu dem ganzen Menschen zum Verhängnis wird. Der Kornbauer hat sich falsch entschieden, denn nur wer seine körperlichen, seelischen und geistlichen Bedürfnisse in ihrer untrennbaren Verknüpfung wahrnimmt, findet zu der Zufriedenheit, nach der wir uns alle sehnen.

Beobachtungen

Zu unserem Verständnis von Bedürfnissen hat sich Abraham Maslow (1908–1970), ein Vertreter und Mitbegründer der Humanistischen Psychologie, verdient gemacht. Er ging davon aus, dass der Mensch in seinem Verhalten von hierarchisch strukturierten Bedürfnissen geleitet wird. Diese lassen sich als Pyramide darstellen, an deren Basis sich die grundlegenden körperlichen Bedürfnisse befinden, während an der Spitze das Bedürfnis nach Selbstverwirklichung steht. Dieses oberste Anliegen kann aber erst dann realisiert werden, wenn alle grundlegenderen Bedürfnisse befriedigt worden sind. Die Selbstverwirklichung, wie sie Maslow versteht, könnte mit einem mystischen Gipfelerlebnis verglichen werden: Der Mensch übersteigt seine eigenen Grenzen und wird eins mit der Menschheit und dem Kosmos. Nach Maslow hat er damit den Kern seiner Existenz und Sinngebung erreicht. Die Selbstverwirklichung basiert auf einem persönlichen Wachstum durch die Erfüllung eines Lebensauftrags, der sowohl in der Entfaltung der eigenen Kreativität liegen kann als auch im selbstlosen Einsatz für eine gerechte Sache.

Maslow definierte fünf Klassen von menschlichen Bedürfnissen, die in einer hierarchischen Beziehung zueinander stehen:

Abb. 1: Bedürfnispyramide nach Maslow

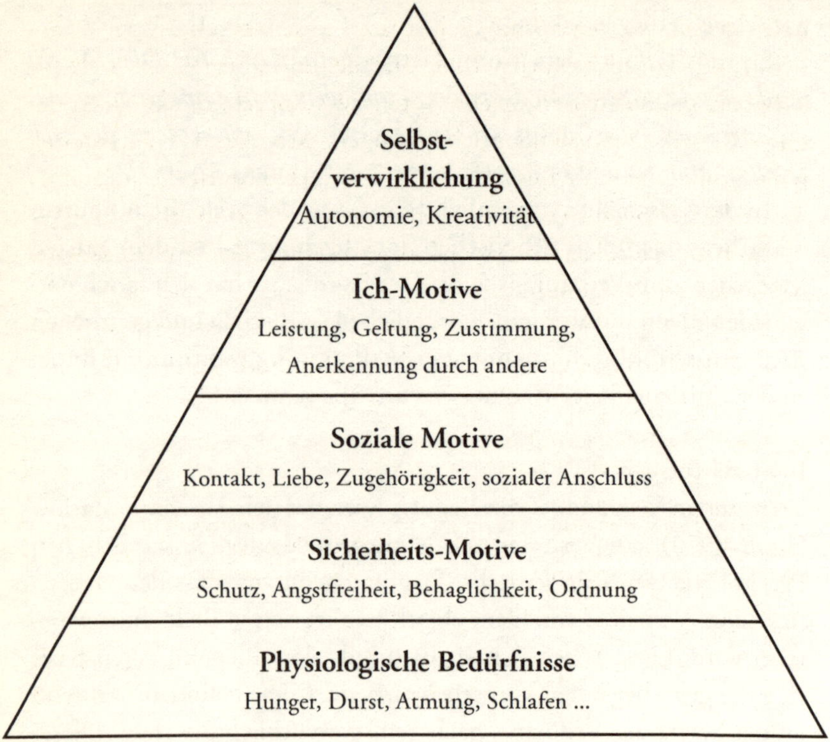

Wollen wir jedoch über ein Modell zur Beschreibung unserer Bedürfnisse verfügen, das die beschriebene Dreidimensionalität berücksichtigt, sollte die Ebene der geistlichen Bedürfnisse hinzugefügt werden.

Dass diese Komponente zu unserem Leben dazugehört, wird den Menschen des 21. Jahrhunderts nicht überraschen. Denn heute ist die Überzeugung, dass wir ganz natürlich auch religiöse Bedürfnisse haben, präsenter als zu Maslows Zeiten. Und die Auffassung von Sigmund Freud, dass es sich dabei grundsätzlich um etwas Neurotisches (also potenziell Krankmachendes) handeln könnte, vertreten nur noch wenige.

Die Frage ist nun, ob wirklich die Selbstverwirklichung die Krönung des Lebens sein kann. Blenden wir damit nicht eine wichtige

Dimension unseres Seins aus und schränken uns aus systemischer Sicht gehörig ein? Denn damit könnten wir immer wieder schmerzhaft erleben, wie wir auf uns selbst (und unsere beschränkten Möglichkeiten) zurückgeworfen sind. Stattdessen haben wir jedoch die Möglichkeit, aus der Allmacht Gottes zu schöpfen, die allein in der Lage ist, alle Sehnsüchte zu befriedigen. Mit dieser Fragestellung wird einmal mehr die Besonderheit Systemischer Seelsorge gegenüber Systemischer Beratung in einem säkularen Kontext deutlich.

So habe ich folgendes Modell als Grundlage der Beratungs- und Seelsorgetätigkeit gewählt:

Abb. 2: Bedürfnispyramide der Systemischen Seelsorge

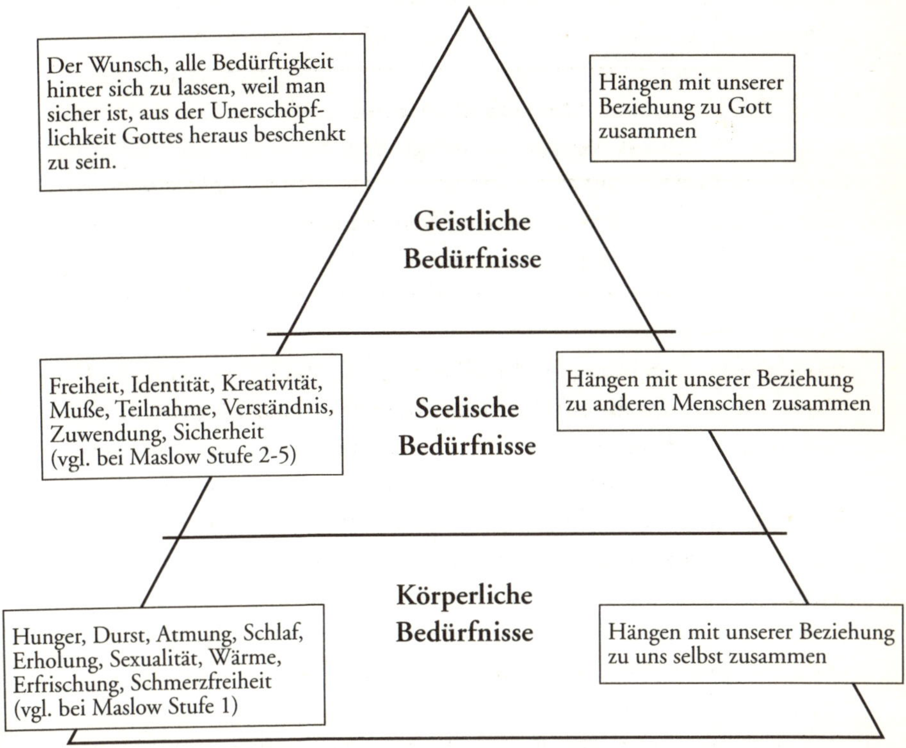

Mit dieser Erweiterung ist eine starre Hierarchie zwischen den Ebenen nicht mehr aufrechtzuerhalten. Es bleibt zwar dabei, dass ein Mensch, der quälenden Hunger hat, sich momentan kaum dafür interessieren wird, seine Kreativität in der Musik zu entfalten. Allerdings können geistliche Bedürfnisse hier nicht als nachrangig betrachtet werden. Schließlich schauen Menschen auch oder gerade dann zu Gott auf, wenn sie in der körperlichen und seelischen Bedürfnisbefriedigung Defizite verspüren.

Betrachten wir noch einmal die Dynamik im Wechselspiel der Bedürfnisse:

Durch die Vernetzung unserer Sehnsüchte wird es mitunter möglich, durch das eine Bedürfnis ein anderes auszugleichen. Wenn wir z.B. fasten, bewirkt die mentale Einstimmung, dass eine Umstellung im Energiehaushalt des Körpers möglich wird und wir keinen Hunger verspüren.

Das bedeutet allerdings nicht, dass wir einen Mangel in einem Bereich unberücksichtigt lassen können, weil wir an anderer Stelle ausreichend oder im Überfluss versorgt sind. So nützt es bei Schlafmangel nichts, viel zu essen. Daraus ist ersichtlich, dass wir nach Vollständigkeit streben und in der Regel nicht darauf aus sind, bestimmte Bedürfnisse durch das Stillen anderer zu kompensieren.

Zum Einüben

Impuls 1:

Fragen Sie sich: „Welche Bedürfnisse habe ich am wenigsten im Blick und kommen gerade zu kurz?“ (Dabei geht es nicht um eine Momentaufnahme, sondern um ein permanentes Defizit.) Beruht dies auf einer durchdachten Entscheidung (nach dem Prinzip des Fastens) oder liegt es eher an einer Unachtsamkeit? Wenn Sie daran etwas ändern wollten – welche Hindernisse tauchen vor Ihnen auf?

Impuls 2 (insbesondere zur Glaubensstärkung):

Sie haben viele Rollen und damit zusammenhängende Bedürfnisse, die Sie ständig beschäftigen. Wir hören es nicht gerne, aber es gibt (fast) keine Rollen, die uns wirklich für immer sicher sind. Diese

Tatsache erzeugt Ängste. Doch es gibt einen Status, der uns nicht genommen werden kann: unsere Gotteskindschaft. Um sie brauchen wir uns keine Sorgen zu machen. So gilt: In dem Maße, in dem uns diese Beziehung wichtig und bewusst ist, werden Ängste reduziert.

Für eine konkrete Schwierigkeit
Impuls 3:
Welche Ihrer Bedürfnisse kommen in dieser Situation offensichtlich zu kurz? Welche Faktoren sind dafür vor allem verantwortlich? Womöglich kommt einer der folgenden Punkte als Ursache infrage:

- Vorgegebene Einschränkungen (z.B. eine Krankheit)
- das Verhalten anderer, das Sie einschränkt (z.B. in einem Konflikt)
- Ihr eigenes Verhalten (z.B. weil Sie Ihre persönlichen Bedürfnisse zurückgestellt haben)

Sammeln Sie Ideen, was Sie daran verändern könnten (auch wenn es erst einmal unrealistisch erscheint). Greifen Sie den Punkt heraus, der Ihnen am leichtesten vorkommt, und versuchen Sie ihn umzusetzen.

Impuls 4:
Zeichnen Sie drei Kreise auf ein Blatt. Einen für Ihre körperliche, einen für Ihre seelische und einen für Ihre geistliche Bedürfnisbefriedigung und stellen Sie sich vor, jeder Kreis sei ein runder Kuchen. Angesichts der Schwierigkeiten – in welchem Kuchen fehlt Ihrem Eindruck nach das größte Stück? Zeichnen Sie die fehlenden Bedürfnisstücke ein – so groß, wie Sie das Defizit empfinden. Gibt es dadurch auch in den anderen beiden Kuchen Einschnitte? Wo sehen Sie Querverbindungen? Auch diese können Sie entsprechend einzeichnen.

Wenn es in den Defiziten Beziehungen zwischen den drei Kreisen gibt, dann wirkt diese Verbindung auch auf die Ressourcen. Können Sie sich vorstellen, dass erfüllte Bedürfnisse in dem einen Bereich eine größere Lücke in dem anderen Bereich stückweise schließen können?

Beachten Sie: Wenn Ihre Einschränkungen Sie als ganzen Menschen (mit Leib, Seele und Geist) betreffen, wird sich auch die Erleichterung dreidimensional auswirken.

Aus der Seelsorgepraxis

Bei einer gründlichen Auftragsklärung zu Beginn eines Prozesses wird die Seelsorgerin beachten, dass das genannte Symptom nicht isoliert zu betrachten ist und das Ziel nicht nur darin besteht, das Symptom zu beseitigen, sondern zum Schalom zu finden. So kann es neben den offensichtlichen Bedürfnissen andere geben, die mit dem bisher genannten in Verbindung stehen. Hat z.B. die Schärfe des Konfliktes mit Schlafmangel oder anderen Defiziten im körperlichen Bereich zu tun?

Wenn eine Ratsuchende einen Wunsch äußert, ist es manchmal auch sinnvoll zu fragen, welche tiefe Sehnsucht hinter diesem Wunsch steht. Ebenso steht natürlich hinter dem problematischen Verhalten oder Symptom ein tief verankertes Bedürfnis. Wenn beispielsweise jemand bis zur Erschöpfung arbeitet, könnte gefragt werden, welches persönliche Verlangen diese Person dazu veranlasst. So kann verhindert werden, wirkungslos an der Oberfläche zu kratzen.

15. Einsicht: Denken, Fühlen und Handeln suchen den Einklang

Eine systemische These ...

Wirksame Lösungen finden wir, wenn Denken, Fühlen und Handeln in die Lösungsstrategie einbezogen sind. Deswegen ist es wichtig, ganzheitlich zu agieren und alle drei Dimensionen zu berücksichtigen.

So blockieren wir uns beispielsweise, wenn wir nicht hinter unserem Tun stehen können oder wir dafür keine guten Gründe haben. Oder wir spüren etwas, können in unserem Denken aber nicht andocken und es nicht in die Tat umsetzen. Vielleicht denken wir auch etwas, aber die Emotionen sind abgespalten und in der bloßen Theorie vertrocknet, sodass sich abermals kein Handeln daraus ergibt.

So ist es ein Anliegen der systemischen Betrachtung, eine solche innere Zerrissenheit zu erkennen und schrittweise zu überwinden.

... und die Bibel

In Matthäus 22,34-39 lesen wir, wie ein Schriftgelehrter Jesus fragt, welches das wichtigste Gebot sei, d.h. worauf es denn im Kern ankomme. Dass in Christi Antwort die Liebe im Mittelpunkt steht, leuchtet uns ein. Dabei beschreibt er auch gleich ein Stück des Weges: Wir sollen von ganzem Herzen, aber auch mit unserem Verstand und mit all unserer Kraft lieben. Wenn wir diesen drei Seiten unserer Bestrebungen folgen, stehen wir in unserer Liebe auf einer guten Grundlage. D.h. wahre Liebe zeigt sich nur da, wo sie mit jeder dieser drei Facetten gelebt wird.

Andersherum hat beispielsweise unser noch so großartiges Handeln keinen Wert, wenn es nicht von Liebe bestimmt ist (vgl. 1. Korinther 13,1ff.).

Die Bibel mahnt also auch in diesem Zusammenhang zur Ausgewogenheit (vgl. beispielsweise 1. Korinther 14,15: *„Ich will nicht nur im Geist beten, sondern auch mit dem Verstand."*)

Beobachtungen

Für beständige Veränderungsprozesse müssen Kopf, Herz und Hand miteinander korrespondieren. Dies zeigt sich in alltäglichen Vorgängen: Neulich hatte ich eine finanzielle Entscheidung zu treffen. Ich habe viele Fakten gesammelt und dann nüchtern das Für und Wider abgewogen. Und doch trat ich auf der Stelle, bis ich auch in Augenschein nahm, welche Emotionen hier eine Rolle spielten – bei mir und bei meiner Frau.

- Manchmal kam ich in meinem Glaubensleben zu einer großartigen Einsicht und dachte, dass sie der entscheidende Schlüssel dafür sei, Gott näherzukommen. Doch je mehr ich nach seinem Willen und Plan fragte, umso deutlicher wurde vor allem eins: Nicht die Einsicht an sich, sondern das konkrete Handeln am Nächsten war der Zugang, um die Beziehung zu Gott zu stärken.
- In einer Auseinandersetzung mit einem unserer Pflegesöhne hatten wir beide den Verstand verloren – auch wenn die wesentlichen Selbstkontrollmechanismen noch funktionierten. Wir waren stark in unseren Gefühlen von Frustration und Wut gefangen. Unser Ausweg bestand dann darin, nach dem Gefühlsstau wieder so weit zur Besinnung zu kommen, dass es möglich war, nach den nüchternen Fakten zu fragen und Handlungsalternativen abzuwägen.

Vor allem die fruchtbare Balance von Denken und Fühlen kommt uns leicht abhanden. Zur Veranschaulichung können wir uns vorstellen, unser psychisches Erleben gleiche einem Unternehmen, das von zwei Chefs geführt wird, die jeweils einen Bereich leiten. Der eine ist für das Denken zuständig, der andere für das Fühlen.

Obwohl Denken und Fühlen voneinander abhängig sind, verstehen sie sich oft nicht. Der eine Chef hält den anderen für einen Deppen, sodass sie gegeneinander um Macht und Kontrolle kämpfen.

Doch wenn einer dabei den anderen völlig unterdrückt, kann dies dazu führen, dass wir keine Entscheidungen treffen können und uns irgendwie von uns selbst abgeschnitten fühlen. Das läuft dann so:

An einem sehr wunden Punkt unseres Lebens (an dem wir traurig, enttäuscht, wütend oder alles zugleich sind) greifen wir auf Schutzmechanismen zurück, indem wir uns von Gefühlen abpanzern (aus Angst davor, dass der ganze Schmerz wieder über uns kommt). Dann dominiert uns der vermeintlich gesunde Menschenverstand, der uns ständig davor warnt, anderen zu nahezukommen oder uns dem wunden Punkt in unserer Geschichte zu stellen. In das entgegengesetzte Extrem zu verfallen und uns in ein bestimmtes Gefühl hineinzusteigern, ist ebenso einschränkend, weil wir dann keinen klaren Gedanken mehr fassen können, um eine neue Perspektive zu gewinnen. Um nicht in solche Sackgassen zu geraten, ist nun Folgendes zu beachten:

Besonders Überraschendes sollten wir ausgewogen betrachten. Das veranschaulicht eine Facette der Weihnachtsgeschichte: Als der Engel Maria verkündigt, dass sie schwanger wird, ohne mit einem Mann intim gewesen zu sein, schaltet sie ihren Verstand nicht aus. Trotzdem sagt sie nicht: „So etwas gibt es nicht!“ – womit sie ja beinahe recht hätte. Vielmehr öffnet sie sich für den Gedanken, dass etwas völlig Unmögliches geschehen wird.

Marias Frage: „Wie soll das zugehen?“, ist angebracht, und dennoch wird sie nicht wirklich beantwortet. Die „wunderbare“ Zeugung geschieht einfach mit ihr. Und weil sie das Unfassbare zunächst so stehen lässt, kommt es für sie zu einem inneren Einklang, einer Harmonisierung zwischen ihrer Erfahrung, dem Denken des Undenkbaren und ihrem Fühlen.

Das ist für uns das Vorbild: Wenn uns etwas begegnet, das für uns zu ungewohnt und neu ist, um es zu verstehen, können wir es erst einmal auf uns wirken lassen. Wenn dann später der Zwiespalt zwischen Denken und Fühlen überwunden ist, fühlen wir uns wohler in unserer Haut und gewinnen mehr Sicherheit für unseren Lebensweg.

Unterschätzen wir nicht die Bedeutung der Gefühle. Folgende Notiz zeigt, wie sehr wir nicht nur darauf angewiesen sind, unsere Gefühle wahrzunehmen, sondern auch die Verbindung zwischen Denken und Fühlen herzustellen:

> *„Unsere Gefühle sind die Stimme der Vernunft. Sie sagen uns blitzschnell, was gut und was schlecht für uns ist … Bei Elliot, einem Patienten des amerikanischen Neurologen Antonio Damasio, war durch eine Tumoroperation im Stirnhirn die Verbindung zwischen Denken und Fühlen unterbrochen. Fortan kam Elliot im Alltag nicht mehr zurecht, weil er selbst die einfachsten Entscheidungen (Soll ich jetzt telefonieren oder den Schreibtisch aufräumen?) nicht mehr treffen konnte."* [11]

Das Denken ist nicht weniger bedeutungsvoll. Gerade in unserer Zeit ist das klare Denken und ein helles Köpfchen gefragter denn je. Um etwas in den Magen zu bekommen, war für unsere Urahnen ein gutes Gespür bei der Jagd hingegen viel wichtiger. Heute sind andere Fähigkeiten zur Lebensabsicherung gefragt: Wir müssen Wegweiser im Supermarkt lesen, Kontobewegungen deuten und uns in einer von Bits und Bytes gesteuerten Welt zurechtfinden. Das gibt dem Verstand in den Belangen des Alltags ein großes Gewicht.

Der Zustand, sich starken Gefühlen hinzugeben, ist uns nur für eine gewisse Zeit angenehm – auch dann, wenn es sich um Erhebendes und Wohltuendes handelt. Denn wir werden ohne die Unterstützung des Verstandes unserer Gefühle nicht sicher. Wenn etwas für uns über längere Zeit in keiner Weise nachvollziehbar und überzeugend ist, wehrt sich unser Verstand und arbeitet damit so sehr gegen das Gefühl, dass es nicht zur Entfaltung kommen kann. Nur wenn wir den Verstand als Kontrollinstanz einbeziehen, können wir uns den Gefühlen ganz anvertrauen, ohne den Realitätsbezug zu verlieren.

---

11 Aus Readers' Digest Juni 2004. S. 144.

Auch in unserer Gottesbeziehung ist die Ausgewogenheit zwischen Denken und Fühlen wichtig. Als ich Christ wurde, erklärte man mir, dass sich unser Glaube allein auf unseren Verstand gründen sollte, da Gefühle nicht zuverlässig genug seien und der Teufel damit seine Spielchen treiben kann. Im Lauf der Zeit hatte ich ein Problem. Die Freude an theologischen Erörterungen hielt nicht lange an und brachte mich Gott nicht so nah, wie ich es mir wünschte.

Doch worum geht es denn vor allem in der Bibel? Um das stärkste Gefühl, das wir kennen – die Liebe. 892-mal soll das Wort „Herz" in der Bibel vorkommen. Auch wenn es nicht bei all diesen Stellen um die Gefühle geht – klar ist, dass die Bibel die Gefühle ganz in den Mittelpunkt stellt. Gott ist nicht nur unsere intellektuelle, sondern auch unsere emotionale Entscheidung für ihn wichtig.

Zum Einüben

Impuls 1:

Überlegen Sie sich einige alltägliche oder gravierende Entscheidungen, die Sie heute oder gestern getroffen haben.

Und stellen Sie sich vor, Ihre beiden geöffneten Hände seien wie zwei Waagschalen. Die rechte Hand steht für das Denken, die linke für das Fühlen.

Nun überlegen Sie, wovon Ihre Entscheidungen stärker bestimmt waren – mehr von Ihrem Verstand oder mehr von Ihrem Gefühl?

Fangen Sie mit ganz einfachen Entscheidungen an: Wie viel Sie morgens gegessen haben, wie gründlich Sie Körperpflege betrieben haben ... Dann gehen Sie zu komplexeren Vorgängen. Was fällt Ihnen auf? Gibt es ein grundsätzliches Ungleichgewicht? Ist es so in Ordnung, wie es ist?

Wollen Sie in einem bestimmten Zusammenhang der unterentwickelten Seite mehr Aufmerksamkeit schenken, um so zu mehr Ausgeglichenheit zu finden?

Impuls 2 (insbesondere zur Glaubensstärkung):

Da unsere Beziehung zu Gott nur in der Ausgewogenheit zwischen

Denken, Fühlen und Handeln lebendig und stärkend ist, könnten Sie einmal darauf achten, welche Seite mitunter zu kurz kommt. Dazu einige Beispiele: Ist Ihre Beziehung zu Gott manchmal zu kopflastig? Folgen den großen Gedanken keine Taten oder ist Ihr Handeln nicht emotional gedeckt?

Sie könnten Gott immer wieder sagen: „Ich liebe dich. Und ich wünsche mir, dass mein Herz, mein Verstand und meine Kraft ganz und gar darin einfließen."

Für eine konkrete Schwierigkeit
Impuls 3:
Überprüfen Sie, ob bei der Bewältigung Ihres aktuellen Problems eine der drei Dimensionen eine andere verdrängt:

Die Dominanz des Denkens: Grübeln oder diskutieren Sie in dieser Angelegenheit sehr viel – vielleicht, weil Sie fürchten, dass bestimmte Gefühle zu stark werden könnten? Beobachten Sie, ob dieses viele Nachdenken Ihre Handlungsfähigkeit unterstützt oder doch eher einschränkt.

Die Dominanz des Fühlens: Ist eines Ihrer Gefühle (z.B. Mitgefühl, Angst, Zuneigung, Selbstmitleid, Zorn) so stark, dass es kein logisches Denken mehr zulässt oder konstruktives Handeln verhindert?

Die Dominanz des Handelns: Stehen Sie in der Gefahr, in blinden Aktionismus zu verfallen? Dies könnte von bestimmten Gedanken und Gefühlen ablenken. Zu beachten ist auch: Handeln, hinter dem nicht eine Herzensüberzeugung steht, ist wirkungslos und manchmal auch verletzend, weil sich andere betrogen fühlen.

Wie können Sie den Bereich, in dem Sie Defizite festgestellt haben, stärken?

Vielleicht können Sie logische Aspekte der Situation auflisten, um so dem Verstand mehr Gehör zu schenken. Oder haben Sie schon mal versucht, Ihren Gefühlen mehr Raum zu geben, indem Sie ihnen durch kreative Methoden, wie Malen oder Musizieren, Ausdruck verleihen? Wo könnten Sie in nächster Zeit Gedanken und Gefühle in eine – zunächst einfache – Handlung umsetzen?

Impuls 4:
Wie wird es sich auf Sie auswirken, wenn Sie das Problem gelöst haben? Unterscheiden Sie auch hier die Folgen für Ihr Denken, Fühlen und Handeln.

Aus der Seelsorgepraxis
Im Zusammenwirken von Denken, Fühlen und Handeln kann es schnell passieren, dass eine Seite kaum noch zum Tragen kommt. In dem Fall kann es nicht zu einer zufriedenstellenden Lösung kommen. Gelingt es im Rahmen der Systemischen Seelsorge, dieses Ungleichgewicht zu überwinden, hat die Ratsuchende sich nicht nur für ihr aktuelles Problem einer Lösung genähert, sondern fühlt sich insgesamt (auch im Hinblick auf weitere Probleme) weniger zerrissen.

So wird sich die Seelsorgerin in der Spannung zwischen Denken und Fühlen auf die Seite schlagen, die der Ratsuchenden (gerade) nicht zugänglich ist.

Wenn die Ratsuchende also z.B. von starken Gefühlen wie Frustration, Empörung oder Trauer beherrscht wird, nimmt die Seelsorgerin dies einfühlsam auf. Doch führt sie die Ratsuchende auf eine andere Ebene der Wahrnehmung und fragt nach Fakten, um den nüchternen Verstand zu fördern.

Im entgegengesetzten Fall würde die Ratsuchende kopflastig viele Erklärungen entfalten, weshalb alles so ist, wie es ist. Nun wird die Seelsorgerin nach den Gefühlen hinter den Fakten fragen oder die Aufmerksamkeit auf Körperwahrnehmungen lenken.

All unsere Beziehungen können als ein dreibeiniger Hocker verstanden werden. Die Füße sind Denken, Fühlen und Handeln. Auf solch einem Hocker kann man sehr stabil sitzen – aber nur dann, wenn alle drei Beine vorhanden sind.

Um beispielsweise ein Defizit an Emotionalität in der Gottesbeziehung auszugleichen, stellt – wenn sich die Ratsuchende auf etwas in unserer Kultur Ungewohntes einlassen möchte – die Systemische Seelsorge zahlreiche Ideen zur Verfügung. Aussagen der Bibel werden für die Ratsuchende lebendiger und erreichen stärker ihre Gefühlswelt. Dabei bedient man sich der eigenen Vorstellungskraft, Körperwahrnehmungen und Bewegungen.

Nur um ein Beispiel zu nennen: Es wird den einzelnen Elementen der Waffenrüstung Gottes (vgl. Epheser 6,14-18) nachgespürt: Wie stehe ich fest, um von einem Gegner nicht so leicht umgestoßen zu werden (V. 14)? Welche Wahrheiten Gottes können mich in einem Angriff umgürten? Wie fühlt es sich an, durch den Panzer der Gerechtigkeit Gottes geschützt zu sein und sich deshalb nicht selbst abpanzern zu müssen?

Unterarme und Hände vor Kopf und Oberkörper simulieren den Schild des Glaubens. Wenn die Ratsuchende im Alltag Angriffe verspürt, kann ihr diese Wahrnehmung zeigen: Mein Vertrauen zu Gott reicht als Schutz aus, um mich vor den feurigen Pfeilen des Bösen zu schützen.

16. Einsicht: Beziehungen zu Gott, anderen und sich selbst bedingen einander

Eine systemische These ...

Für unsere Befindlichkeit sind zum einen unsere zwischenmenschlichen Beziehungen entscheidend. Aber auch die Beziehung zu uns selbst spielt eine bedeutende Rolle, z.B. unsere Selbstwahrnehmung, ob wir uns selbst wert- oder gering schätzen.

Zudem wird mittlerweile kaum noch infrage gestellt, dass zu einer ganzheitlichen Schau die spirituelle Dimension dazugehört.

Besonders hinsichtlich unlösbarer Probleme, die schon in der Wahrnehmung der Ereignisse weit über unseren Horizont hinausgehen, wird in der systemischen Betrachtungsweise deshalb nach einem „übergeordneten Etwas" Ausschau gehalten, das uns begrenzte Menschen unterstützen kann.

So kann als eine weitere Basis systemischen Denkens formuliert werden: Beziehungsprobleme lassen sich dauerhaft nur dann lösen, wenn wir alle drei Dimensionen berücksichtigen: die Beziehung zu einem übergeordneten Wesen, zu dem Nächsten und zu uns selbst.

Wie in Systemen überhaupt lässt sich auch für diese drei Ausrichtungen unserer Beziehungen beobachten: Die Dimensionen können sich gegenseitig stärken und befruchten. Doch wenn es auf einer Ebene kriselt, dann sind die anderen beiden auch in Mitleidenschaft gezogen.

... und die Bibel

Das Liebesgebot Jesu enthält nicht nur die bereits beschriebene Dreidimensionalität von Denken, Fühlen und Handeln. In den drei Ausrichtungen „*Liebe Gott und deinen Nächsten wie dich selbst*" finden wir auch eine Zusammenschau unserer Beziehungen vor.

In unserem Alltag lässt sich gut beobachten, wie die einzelnen Beziehungsebenen miteinander zusammenhängen: Wir können andere Menschen nur so weit lieben, wie wir uns selbst mit Achtung begegnen. Andererseits rührt die Selbstachtung aus den Erfahrungen, die wir mit anderen Menschen und mit Gott gemacht haben.

Eine Beziehungskrise mit Gott kann sich auf die zwischenmenschlichen Beziehungen auswirken – wie schon in der Darstellung des Sündenfalls zu lesen ist, der davon berichtet, wie Adam seine Frau beschuldigt. Andersherum schränkt es unsere Beziehung zu Gott ein, wenn wir einen Mitmenschen oder uns selbst (den Gott schließlich geschaffen hat und liebt) verachten (vgl. 1. Johannes 4,20).

Durch diese starke Verknüpfung ist für unsere Beziehungen zu anderen Menschen und uns selbst entscheidend, worauf wir in der Verbindung zu Gott zurückgreifen können. Weil wir um die grenzenlose Barmherzigkeit Gottes gegenüber uns Sündern wissen, haben wir es nicht nötig, unsere Schuld unter den Teppich zu kehren. Dies wirkt sich nicht nur positiv auf unsere Gottesbeziehung aus, sondern stabilisiert auch nachhaltig unsere zwischenmenschlichen Beziehungen. Wenn wir Sünde überwinden, stärken wir auch unsere Beziehung zu uns selbst, da wir so mit uns selbst und Gottes Bestimmung für unser Leben im Reinen sind.

Was für einen großen Vorzug haben nun die, die an einen barmherzigen Gott glauben.

Im Übrigen sind sie bei der Suche nach einem spirituellen Bezugspunkt nicht nur auf das Universum oder eine andere schicksalhafte Macht beschränkt, bei der es sich ja lediglich um ein unpersönliches „übergeordnetes Etwas“ handelt. Stattdessen kann sich die Gläubige auf ein allmächtiges Wesen beziehen, mit dem sie tatsächlich in eine ganz persönliche Beziehung treten kann. Zudem schöpft sie aus der Überzeugung, dass Gott unser persönliches Ergehen sehr am Herzen liegt. Wer lediglich das Universum anruft, kann sich dessen nicht so ganz sicher sein.

Ebenso ist es von großem Wert, sich nicht nur als Zufallsprodukt betrachten zu müssen, sondern als eine Ansammlung von Ideen eines genialen Schöpfers, den nichts mehr als die Liebe zu uns ausmacht.

Beobachtungen

Ursprünglich waren die drei Dimensionen unserer Beziehungen kaum voneinander zu unterscheiden. Zu Beginn unseres Lebens erschien uns in der Regel die Welt auf den Armen unserer Mutter so vollständig, dass nichts darüber hinaus von Bedeutung erschien – nicht einmal die Existenz Gottes. Schließlich war unser Vertrauen zu unserer Mutter so uneingeschränkt, dass es sich so anfühlte, als wäre sie Gott – so groß, zugewandt und mächtig sie sich präsentierte. Doch diese Vermutung ließen wir bald wieder fallen. Denn sie war nicht allmächtig – ja nicht einmal allgegenwärtig. Trotzdem erschienen uns die Beziehungsebenen noch einige Zeit wie miteinander verschmolzen: Gott, die anderen und wir selbst.

Irgendwann vermochten wir die Dimensionen zu unterscheiden und sogar voneinander zu trennen. In dem stetigen Prozess der Selbstfindung und der Emanzipation kann es uns jedoch widerfahren, dass die Dimensionen gar nichts mehr miteinander zu tun zu haben scheinen. Dann überwältigt uns die Sehnsucht nach dem verloren gegangenen Paradies der Vollständigkeit. Punktuell wird dieser tiefste Wunsch schon auf dieser Erde gestillt – etwa wenn wir uns in einer Liebesbeziehung so sicher und geborgen fühlen, dass wir den Eindruck haben, völlig unzertrennlich zu sein.

Unterwegs können die drei Dimensionen unserer Beziehungen einander unterstützen. So verdeutlicht Henri Nouwen, wie uns eine vertrauensvolle Gottesbeziehung helfen kann, Herausforderungen in zwischenmenschlichen Beziehungen zu meistern, wenn er schreibt:

„Einer der größten Akte des Vertrauens auf Gott besteht darin, unsere Kinder eigene Entscheidungen treffen und sie ihren eigenen Weg gehen zu lassen." Wenn dieses Loslassen gelingt, wirkt sich dies wiederum positiv auf die Beziehung zu Gott aus, da wir auch mit ihm eine besondere Erfahrung gemacht haben.

Dabei ist keine der Beziehungsdimensionen wirklich ersetzbar. Welch fatale Folgen es hat, wenn die Paarbeziehung das Defizit in der geistlichen Dimension ausgleichen soll, beschreibt z.B. der Philosoph

Richard David Precht, wenn er in seinem Buch über die Liebe resümiert:

> *„Die geschlechtliche Liebe als Ersatzreligion aber ist hoffnungslos, asozial und exklusiv. Sie schließt bestenfalls ein paar Kinder mit ein. In diesem Bunde ist (meistens) keiner der Dritte: „Wir gegen den Rest der Welt!" Der Atombunker in einer unwirtlichen Welt hat nur Platz für zwei: Hauptsache, wir haben uns – und vielleicht noch Mon Cherie …"*[12]

Erhebliche Defizite wirken sich stets auf alle drei Dimensionen belastend aus. Dazu ein Beispiel:

Klara hatte in ihrer ersten zwischenmenschlichen Beziehung zu ihren Eltern ein Defizit. Dieses wirkte sich belastend auf ihre Beziehung zu Gott aus (weil sie sich auch ihm gegenüber nicht als Kind fühlen konnte). Da sie sich ungewollt und minderwertig fühlte, hatte sie außerdem keine gute Beziehung zu sich selbst.

In die Seelsorge kam sie schließlich deshalb, weil sie ständig Konflikte mit ihrem Mann hatte. Es wurde deutlich, dass sie in ihrem großen Bedürfnis, endlich die erhoffte Nähe zu bekommen, ihren Partner total überforderte. Hier bestand die Lösung darin, das Vermisste in der Elternbeziehung zu beklagen und das an Wohlwollen von den Eltern zu nehmen, das trotz allem vorhanden war bzw. ist. Dies wirkte sich natürlich nun befriedend auf die anderen Beziehungen aus: zu Gott, zu sich selbst und zu ihrem Mann.

12 Richard David Precht: Liebe. München 2010. S. 314.

Zum Einüben

Impuls 1:

Betrachten Sie Ihre Beziehungen anhand der folgenden Skalierung und der unten stehenden Gedanken:

1	2	3	4	5	6	7	8	9	10

ich fühle mich sehr unwohl und unsicher — ich fühle mich sehr sicher und aufgehoben

- Nehmen Sie zuerst für Ihre Beziehung zu Gott eine Einschätzung vor, indem Sie mit einer Zahl zwischen 1 und 10 bewerten, welche Gefühle Sie verspüren, wenn Sie an Ihre Gemeinschaft mit Gott denken.

Welche Auswirkungen hat die Intensität Ihrer Gottesbeziehung auf Ihre Befindlichkeit? Was möchten Sie Gott sagen (als Dank, Klage oder Bitte)?

- Wie würden Sie Ihre Beziehungen zu anderen Menschen im Allgemeinen beurteilen? Entscheiden Sie sich für eine Zahl auf der Skala. Bei welcher Person fühlen Sie sich sehr wohl, bei welcher weniger. Beobachten Sie die auftretenden Gefühle und Befindlichkeiten. Was müsste passieren, damit Sie sich insgesamt für eine höhere Ziffer entscheiden könnten?
- Im dritten Schritt betrachten Sie die Beziehung zu sich selbst. Eine „10“ würde hier bedeuten, dass Sie sehr gern der Mensch sind, der Sie sind, und dass Sie sehr wertschätzend auf sich schauen. Welche Auswirkungen könnte es auf Ihr Leben haben, dass Sie an dieser Stelle in Ihrer Selbstwahrnehmung stehen?
- Zum Schluss beobachten Sie, in welchem der drei Bereiche Sie den höchsten Wert haben und in welchem den geringsten. Welche Auswirkungen hat das auf die anderen Bereiche? Haben Sie eine Idee, wodurch negative Folgen verringert werden könnten?

Impuls 2 (insbesondere zur Glaubensstärkung):
Überlegen Sie sich, zu welchen Zeiten Ihre Beziehung zu Gott stärker und erfüllender war als jetzt. Hat sich das auch auf die anderen Beziehungsbereiche ausgewirkt? Was hat in dieser Zeit Ihre Gottesbeziehung gestärkt? Wie könnten Sie diese Beziehung wieder intensivieren?

Für eine konkrete Schwierigkeit
Impuls 3:
Gehen Sie folgenden Fragen nach:

- Wie schaut Gott wohl auf dieses Problem? Welche Haltung nimmt er in dieser Sache ein? An welcher Stelle habe ich Zweifel, dass Gott meine auftretenden Gefühle versteht? Welche teilt er vermutlich mit mir, welche gar nicht?
- Wie schauen die anderen Personen, die für mich von Bedeutung sind, auf diese Schwierigkeit? Wer kann mich darin noch aktiver unterstützen? Mit wessen Wohlwollen kann ich rechnen? Mit wem fühle ich mich dadurch in dieser Situation verbunden?
- Schauen Sie auf mögliche Wechselwirkungen zwischen der Schwierigkeit und Ihrer Selbstwahrnehmung: Gestehen Sie sich ein, dieses Problem haben zu dürfen? Oder denken Sie unnötigerweise von sich geringer, weil es diese Schwierigkeit gibt? Andersherum – haben Defizite in der Selbstwahrnehmung zur Entstehung des Problems beigetragen? Welche neue Sichtweise über Sie selbst wäre zur Lösung des Problems hilfreich?

Aus der Seelsorgepraxis
In den Beratungsprozessen wird die Seelsorgerin bemüht sein, der Ratsuchenden zu helfen, in allen drei Dimensionen ihrer Beziehungen mehr Sicherheit zu gewinnen und dabei Wechselwirkungen zu beachten.

Beispielsweise wird sie in den Glaubenskrisen der Ratsuchenden die Frage bewegen, welche der zwischenmenschlichen Beziehungen und Facetten der persönlichen Selbstwahrnehmung für diese geistliche Auseinandersetzung hemmend oder fördernd sind.

In zwischenmenschlichen Beziehungsstörungen wird die Ratsuchende hingegen dazu angeregt, immer wieder sich selbst wahrzunehmen und zu erkennen, dass uns Gott ermutigt, aufeinander zuzugehen.

Bei Identitätskrisen oder anderen Beeinträchtigungen in der Selbstwahrnehmung kann es hilfreich sein, Ressourcen der Beziehungen zu anderen zu entdecken und sich der beständigen Identität als Gottes Kind zu vergewissern.

In der Einbeziehung der Gottesbeziehung ist jedoch besondere Sensibilität vonnöten.

Einerseits ist es ein großer Schatz, aus Gottes Reichtum an Weisheit und Liebe schöpfen zu können (vgl. z.B. Philipper 4,19). Außerdem wird Schwachsein durch die geistliche Perspektive nicht als Makel, sondern als Wachstumschance wahrgenommen.

Andererseits muss das Wirken Gottes nicht ständig thematisiert werden. Das gemeinsame Gebet darf in der Seelsorge zwar durchaus einen Platz haben, wenn die Ratsuchende es sich wünscht – es gehört jedoch nicht unbedingt dazu. Im Übrigen ist die Seelsorgerin darauf bedacht, nicht voreilig auf die geistliche Ebene auszuweichen, nur weil sie sich auf der Suche nach einem Lösungsweg in den zwischenmenschlichen Beziehungen hilflos fühlt.

Ausrichtung: Perspektivenwechsel

„Sie haben sich gar nicht verändert.“ – „Oh“, antwortete Herr K. und erbleichte“ (nach Bertold Brecht).

Wir sind hoffentlich darauf eingestellt, uns zu verändern. Wenn wir bei wachsenden Anforderungen im Laufe unseres Lebens nicht in der Bewältigung von Herausforderungen wachsen, würden wir riskieren, dass es uns immer schlechter geht.

Doch es ist zu beachten, dass in unseren Beziehungen die maßgeblichen Veränderungen nicht in dem Einüben neuer Verhaltensstrategien, sondern in einem Perspektivenwechsel bestehen.

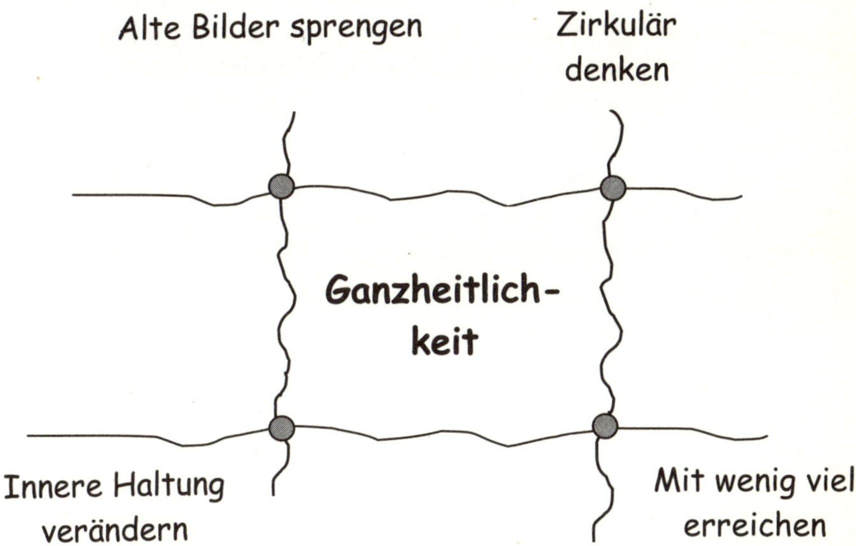

17. Einsicht: Die Realität ist viel größer als unser Bild von ihr

Eine systemische These ...

Ein Hindernis für neue Perspektiven und die resultierende Erweiterung unserer Handlungsmöglichkeiten liegt in Bildern, die wir in unserer Vorstellung produzieren. Diese halten wir dann für die Wirklichkeit, obwohl sie die Realität nur ausschnittsweise und oft sogar verzerrt beschreiben.

Diese Einschränkung unserer Wahrnehmung betrifft besonders unsere Auffassung von anderen Menschen, und noch mehr unsere Gottesbilder. Sogar hinsichtlich der Betrachtung unser selbst unterliegt unsere Wahrnehmung blinden Flecken.

Die bestehenden Denkmuster nicht für die einzig möglichen zu halten, ist sehr hilfreich, weil gerade diese Ansichten oft problemerhaltend sind. Eine positive Seite des Konstruktivismus besteht darin, uns daran zu erinnern, dass sich unser Bild von der Wirklichkeit nicht zwangsläufig aus dieser ergibt, sondern von uns konstruiert wurde.

Unheimlich wirkt diese Weltanschauung allerdings, weil sie uns bei der Wahrheitsfindung letztlich an eine subjektive Beliebigkeit ausliefert. Mit dieser Perspektive finden wir weder feste Orientierungspunkte noch einen gemeinsamen Nenner mit den Konstruktionen anderer. Dieses Problem haben wir als Christen natürlich nicht in dem Maße.

... und die Bibel

In vielen Zusammenhängen erinnert uns Gott in seinem Wort daran, dass unser Blickfeld eingeschränkt ist. „Unser Wissen ist Stückwerk“, schreibt Paulus in 1. Korinther 13. Gott denkt über vieles ganz anders und vor allem weiter (vgl. Jesaja 55,8.9). Es gibt eine Wirklichkeit hinter der Wirklichkeit, von der wir keine Ahnung haben (vgl. u.a. 2. Petrus 1,21).

Nun kann es jedoch nicht darum gehen, in jedem Fall eine Antwort zu finden und unser Blickfeld unendlich zu erweitern. Es reicht oft schon, zu den hilfreichen Fragen hinzufinden und zumindest die letzten Antworten Gott zu überlassen.

„Nicht dass ich's schon ergriffen habe", erkennt auch der „große Paulus" und gesteht damit die Beschränkung seiner Weisheit ein (Philipper 3,12). Gut, wenn auch wir die Grenzen unseres Wissens und Verstehens begreifen. Zu einer solchen Einsicht finden wir jedoch mehr durch Demut als durch intellektuelle Leistungen.

Besonders eindrücklich werden wir in der Bibel davor gewarnt, uns ein Bildnis zu machen, weder von Gott selbst, noch von dem, was auf der Erde ist (also von seinen Geschöpfen – insbesondere von uns). Nicht zufällig steht dies in Gottes „Grundgesetz" – den Zehn Geboten – gleich zu Beginn. Ursprünglich war dieses Gebot für das Volk Israel auf die Anbetung von Götzenbildern bezogen. Obwohl wir mit solchen Götzenstatuen im buchstäblichen Sinne kaum etwas zu tun haben, produzieren wir tagtäglich Bilder von uns und anderen. Diesen Vorstellungen schenken wir mitunter mehr Gewicht, als es angemessen wäre. So ist es ein zutiefst geistlicher Auftrag, immer wieder zu beachten, dass die Realität viel größer ist als unser Bild von ihr.

Beobachtungen

Wir malen uns also Bilder – von den Dingen, von Menschen, von anderen Geschöpfen und nicht zuletzt von Gott. Wir tun das, um uns einen Überblick zu verschaffen. Den bekommen wir allerdings nicht wirklich.

Welchen Einschränkungen unterliegen wir mit unseren reduzierten Bildern?

Unsere Bilder von Gott sind ohnehin unzureichend. Doch besonders problematisch ist es, wenn wir uns darin festlegen, wie Gott mit uns verfahren oder sprechen sollte. Hilfreich sind deshalb Erfahrungsberichte, in denen Gott den Rahmen unserer Vorstellungen über ihn sprengt.

Hans erzählte mir z.B. kürzlich seine Geschichte. Er war ein großer Zocker und war vom Glücksspiel mit Karten abhängig. Seine Sucht brachte ihn schließlich so weit, dass er sein ganzes Geld und seine Firma verspielte und seine Ehe am Ende war. Als Hans schließlich keinen Ausweg mehr sah, den Folgen seiner Sucht zu entfliehen, ging er eines Tages in den Keller, um sich zu erhängen. Während er am Strick hing, hatte er, der bislang von Gott nicht das Geringste wissen wollte, eine Vision. Er sah, wie Gott mit ihm Skat spielte. Und irgendwie war Hans klar: „Ich muss wenigstens einen Stich machen." Aber als er die Karten Gottes mit seinen eigenen verglich, wurde ihm bewusst, dass das im Grunde nicht möglich war. Gott hatte alle 4 Buben und von Kreuz Ass, Zehn, König, Dame, die Neun und die Sieben. Hans hatte hingegen nur Siebenen, Achten und Neunen sowie die Kreuz Acht. Damit allein wäre nicht ein einziger Stich zu machen gewesen. Doch dann tat Gott das, was kein Skatspieler, der gewinnen möchte, tun würde. Er spielte die Kreuz Sieben aus, damit Hans darübergehen und einen Stich machen konnte.

Hans wurde von den Nachbarn gefunden und gerettet. Er durfte weiterleben – übrigens nun als Christ. Es verstößt gegen meinen persönlichen Geschmack, dass sich Gott in der Sprache an ihn wandte, die für Hans und seine Nächsten so viel Leid verursacht hatte.

Doch dass sich Gott in seinem souveränen Handeln nicht an unserem Geschmack orientiert, kennen wir ja schon vom Bibellesen. Dazu nur ein Beispiel: Mit den Worten „Und das habt zum Zeichen: Ihr werdet finden ein Kind in Windeln gewickelt" (Lukas 2,12) wird das Kommen des Gottessohnes angekündigt. Profaner geht nicht. Wir hätten es gerne etwas spektakulärer. Folgerichtig spricht auch ein Weihnachtslied von „reinlichen Windeln". Die allerdings haben ihren Zweck noch nicht erfüllt.

Auch die Bilder von anderen Menschen haben ihre Einschränkungen. In unserer Gemeinde hängen Fotos von allen, die sich ihr zugehörig fühlen. Damit soll erleichtert werden, sich von den Hunderten von Gottesdienstbesuchern doch wenigstens einige Namen merken zu können. Wie groß wäre jedoch der Verlust für unser Gemeindeleben, wenn wir uns damit begnügen würden, nur die Bilder anzuschauen, anstatt uns tatsächlich von Angesicht zu Angesicht zu begegnen.

Doch es kommt noch tragischer: Die Bilder, die wir von anderen im Sinn haben, sind ganz und gar nicht wirklichkeitsgetreu, sondern mit Vorurteilen und anderen Verzerrungen behaftet. Außerdem bilden sie nur schrecklich reduziert einen Ausschnitt ab – so als würden wir nur den Mund einer Person sehen, weil diese gerade gut singen kann oder etwas gesagt hat, was uns nicht gefiel. Leibhaftige und ganzheitliche Begegnung findet so nicht statt.

Erschwerend kommt hinzu, dass wir alle versuchen ein beschönigtes Bild von uns abzugeben, indem wir uns zumindest äußerlich etwas aufpeppen. Das ist ja in Ordnung. Denn schließlich hat Gott uns Menschen ursprünglich formvollendet geschaffen. Also nicht so, wie unser zerknittertes Spiegelbild es uns morgens vor Augen führt oder wir möglicherweise deformiert aus Fast-Food-Restaurants gehen. Es gibt immer wieder neue Anstrengungen, ein aufpoliertes Bild abzugeben, obwohl klar ist, dass wir es uns abschminken können, das Prädikat „sehr gut“ aus dem Paradies wiederzuerlangen.

Doch selbst wenn wir es wagen, uns ungeschminkt zu zeigen, bleiben wir immer noch unergründlich für den anderen. Denn Gott hat den Menschen in zwei so unterschiedlichen Grundausführungen geschaffen, dass wir einander ein Rätsel bleiben. Als ich neulich eine Reaktion meiner Frau beobachtete, dachte ich (trotz 30-jähriger Erfahrung): „Wie kann *man* nur?“ *Frau* muss sich von dem, was *man(n)* machen würde, allerdings nicht beeindrucken lassen.

Wie schwer es mir fällt, auf vorgefertigte Bilder zu verzichten, wird mir gerade einmal mehr deutlich, während ich diese Zeilen in einem Zugabteil schreibe. Mir sitzt ein Mann mit einer pechschwarzen Jacke gegenüber, auf der u. a. zu lesen ist: „Ich war als Kind schon Scheiße.“ Dieser Mann wirkte wie ein ganz Hartgesottener. Doch während er am Handy mit seiner Partnerin redete, sagte er sehr weich: „Ich liebe dich.“

Worauf soll ich nun schauen, wenn ich mein Gegenüber einzuschätzen versuche? Ich bin verwirrt. Was mir ganz recht geschieht.

Auch wenn eine Person perfekt in eine unserer Schubladen zu passen scheint, sollten wir uns daran erinnern, dass dieser Mensch nicht für unsere Schubladen geschaffen wurde. Bedeutend kritischer als unseren Nächsten gegenüber sollten wir deshalb bezüglich unserer Urteile sein, die wir oft vorschnell fällen. Wenn wir diese Unart aufgeben, machen wir den Weg frei, um die Unergründlichkeit unserer Nächsten zu zelebrieren und damit unsere Beziehungen zu beleben.

Bei alledem können wir uns von Kindern inspirieren lassen. Wenn uns ein kleines Kind anschaut, glaubt es nicht, uns zu kennen. Es ist auf Staunen eingestellt. Das gilt es ein Leben lang neu oder wieder zu lernen.

Auch an unserem Bild von uns selbst basteln wir ständig. Doch besser wird es davon kaum. Ein bisschen Beständigkeit in unserem Selbstbild käme uns deshalb entgegen, da es uns Sicherheit gibt, zu wissen, wer wir eigentlich sind. Allerdings können uns Überzeugungen, die wir über uns selbst hegen, auch herunterziehen. Die zu zementieren, wäre fatal.

Aber nicht nur die Welt bewegt und verändert sich – auch wir selbst. Paulus schreibt, dass unser innerer Mensch von Tag zu Tag erneuert wird (vgl. 2. Korinther 4,16). Wir meinen uns zu kennen. Doch unser Bild ist von gestern. Heute dürfen wir uns (unter Berücksichtigung der täglichen Erneuerung) neu kennenlernen. In diesem Sinne sollten wir uns nicht nur von Gott und dem anderen überraschen lassen, sondern auch von uns selbst.

Zum Einüben

Impuls 1:

Beobachten Sie, welche Bilder Ihnen von den Menschen durch den Kopf gehen, denen Sie heute und gestern begegnet sind. Inwieweit ist Ihnen bewusst, dass Sie nur einen kleinen Ausschnitt ihrer Persönlichkeit wahrnehmen? Es lässt sich schlussfolgern, dass in Ihren Mitmenschen ein Reichtum steckt, den Sie noch nicht einmal erahnen.

Impuls 2 (insbesondere zur Glaubensstärkung):
Können Sie der Aussage zustimmen, dass wir unsere Wahrnehmung von Gott in bestimmte Vorstellungen – also Gottesbilder – verpackt haben? Das ist nicht zu vermeiden und auch nicht tragisch. Sie sollten sich aber immer wieder daran erinnern, dass Ihr Bild von Gott natürlich nicht die Größe Gottes abbildet. Deswegen ist es eine sinnvolle Bitte an Gott, dass er sich Ihnen immer wieder von einer Seite zeigt, die Ihr Bild von ihm korrigieren und ergänzen kann.

Für eine konkrete Schwierigkeit
Impuls 3:
Welche Bilder haben Sie im Hinblick auf die Situation im Kopf? Können Sie sich sagen: Meine Vorstellung stellt nur einen kleinen Ausschnitt der Wirklichkeit dar?

Impuls 4:
Beobachten Sie, wie Sie den folgenden Gedankengang im Hinblick auf eine Person, die mit der konkreten Schwierigkeit etwas zu tun hat, nachvollziehen:
„Trotz mancher Entdeckungen – du bist und bleibst für mich ein unergründliches Geheimnis. Das ist gut so.“

Impuls 5:
Fragen Sie sich, ob Sie sich festgelegt haben, wie Gott Ihnen bei diesem Problem helfen könnte oder Ihnen etwas aufzeigt. Halten Sie es für möglich, dass Gott etwas tut, was alle Vorstellungen von ihm sprengt?

Impuls 6:
Überlegen Sie, welche destruktiven Sätze, mit denen Sie sich selbst einschätzen, für die Lösung Ihres Problems hinderlich sein könnten. Z.B. weil Sie zu gering von sich und Ihren Möglichkeiten denken. Welche alternativen Selbstaussagen würden Ihnen helfen, mehr Initiative für die gewünschte Lösung zu ergreifen? Halten Sie diese stärkenden Aussagen für total abwegig oder wollen Sie solche positiven Sätze ab und zu bewegen?

Aus der Seelsorgepraxis

Wie sich ein Perspektivwechsel in der Seelsorge ereignen kann, indem sich das Bild von Personen und Situationen erweitert, soll an folgenden Beispielen skizziert werden:

- Eine Pflegemutter erzählte, dass ihr Pflegesohn es im Leben schwer hat und auch sie mit ihm. Seine leibliche Mutter hatte ihn abtreiben wollen. Sie hatte schon auf dem Tisch gelegen, auf dem der Eingriff passieren sollte, stand dann aber doch wieder auf und brachte ihr viertes Kind zur Welt. Doch sie schaffte es nicht, ihr Leben zu bewältigen, und nahm sich deshalb das Leben, als ihr Sohn vier Jahre alt war.

Durch einen systemischen Prozess konnte sich bei der Pflegemutter das Bild von der leiblichen Mutter drastisch verändern. Bislang hatte sie angenommen, dass die leibliche Mutter eine feige Frau sein müsse. Doch nun sah sie, dass sie im Grunde sehr mutig gewesen war. Denn sie wusste, dass sie denkbar schlechte Voraussetzungen hatte, den Anforderungen des Alters gerecht zu werden. Dennoch hatte sie die Hoffnung, dass das Leben ihres Kindes gelingen würde und es deshalb richtig sei, ihm das Leben zu schenken.

- Eine andere Pflegefamilie war frustriert, weil sie ihr aufgenommenes Kind nicht so stabilisieren konnte, wie sie es sich vorgestellt hatte. Im Prozess wurde deutlich, dass sie aber immerhin ihr Herz und Haus für dieses Kind geöffnet hatte. So war die Tochter vor weiteren Traumatisierungen geschützt und konnte Erfahrungen sammeln, die sie auf ihrem weiteren Weg begleiteten.
- Annemarie ist auf dem Hof ihrer Eltern aufgewachsen. Einmal wurde sie beim Spielen fast von dem Traktor ihres Vaters erfasst. Im Alter von 6 Jahren musste sie dann mit ansehen, wie ihre drei Jahre jüngere Schwester von ihrem Vater mit dem Traktor überfahren wurde und starb. Da sie auf ihre Schwester hatte aufpassen sollen, fühlte sie sich ihr Leben lang schuldig. Als sie die

Verantwortung an die Eltern zurückgeben konnte, veränderte sich auch ihre Selbstwahrnehmung.

18. Einsicht: Zirkuläres Denken erweitert den Horizont

Eine systemische These ...
Eine wesentliche Horizonterweiterung systemischen Denkens besteht darin, sich von einseitigen Erklärungsmustern und Schuldzuweisungen zu trennen. Dazu verabschiedet man sich vom linearen Denken – den Einbahnstraßen unserer Erklärungsmuster, die sich als Sackgassen ohne Wendemöglichkeit erweisen. An deren Stelle tritt eine sogenannte zirkuläre Sicht, die berücksichtigt, dass sich Ursache und Wirkung gegenseitig bedingen.

... und die Bibel
Wohin es führt, mit einseitigen Erklärungen und Schuldzuweisungen zu operieren, veranschaulicht das Geschehen nach dem Sündenfall: Als Adam seine große Schuld erkannte, konnte er nicht mehr zu sich stehen und in seiner Angst auch nicht mehr zu Eva. Er beschuldigte sie und indirekt auch Gott, der sie ihm gegeben hatte. Eva klagte wiederum die Schlange an. Beide erhofften sich davon Entlastung für ihr eigenes Gewissen. Tatsächlich aber erhöhte das Herumschieben von Schuld ihre Unsicherheit noch.

Demzufolge waren die Reaktionen der ersten beiden Menschen destruktiv: Sie versteckten sich nun nicht nur vor Gott, sondern konnten auch einander nicht mehr schamlos begegnen.

Im Gegensatz zu Adam und Eva interessierte Gott ganz und gar nicht, wer hier der Verursacher der verbotenen Tat war und die Verantwortung trug. Sein Interesse galt (zirkulär) den Auswirkungen des Geschehens auf das Leben und auf die Beziehungen aller Beteiligten.

Beobachtungen
Suchen wir für das Problem einen Schuldigen, kommt außer Streit meistens nichts heraus. Denn wenn wir erst einmal Erklärungen ge-

funden haben, entwickeln wir darauf einen gewissen Stolz. Das gibt diesen Begründungen Macht – unabhängig davon, wie stimmig sie sind. Und wenn wir uns schon festgelegt haben, entscheiden wir uns auch gleich, wer die Verantwortung für Miseren hat. Im Zweifelsfall sind es meist die anderen, wie folgendes Kindergebet illustriert: „Lieber Gott, Donald hat den Krug zerschmissen. Ich war es nicht. Jetzt hast du es schriftlich. Amen."

Doch Schuldzuweisungen nützen uns nichts. Denn da wir auf die Veränderung unserer Mitmenschen keinen Einfluss haben und wir unseren eigenen Bewegungsspielraum nicht sehen, bleibt alles so wie es ist. Nämlich festgefahren.

Beim Streit um den Schuldigen motiviert uns eine völlig irrige Überzeugung: Wir denken, es beschere uns ein Gefühl der Sicherheit, weniger schuldig und damit überlegen zu sein. Doch unsere Beziehungen werden dadurch beeinträchtigt. Da diese uns aber so überaus wichtig sind, schneiden wir uns im Streit ins eigene Fleisch, sodass die Freude an der Genugtuung ausbleibt. Jemand hat es einmal so ausgedrückt: „Recht zu behalten, ist für Liebende ein trauriges Geschäft."

So sollten wir uns vor (total) verkürzten Erklärungen hüten, weil dadurch lediglich Probleme stabilisiert werden. Oft enden sie in Sätzen, die mit „Wenn ..." beginnen und etwas beschreiben, das man nicht verändern kann.

Etwa so: *Wenn* mein Vater nicht trinken würde, meine Mutter nicht krankhaft eifersüchtig wäre, das Kind nicht behindert oder verhaltensauffällig wäre, dann ...

So beeinträchtigen einseitige Täter-Opfer-Zuschreibungen unsere Beziehungen und schränken die Handlungsfähigkeit der Beteiligten erheblich ein.

Zirkuläres Denken beendet die heillose Suche. Die grundlegende Erkenntnis des zirkulären Denkens liegt darin, dass einseitige Erklärungen hinsichtlich Ursache- und Wirkungszusammenhängen zu kurz greifen. Denn ein Resultat ist in der Regel auch Ursache für einen weiteren Effekt. Nicht selten stellt sich eine Wirkung auch als das heraus, was wir bislang als Ursache betrachtet haben. Dadurch entsteht ein Kreislauf, der davon bestimmt ist, dass nicht mehr auszumachen ist, an welchem Punkt er seinen Anfang genommen hat. Wir sind uns nicht mehr sicher, was Ursache und was Wirkung ist. Was zuerst da war: das Ei oder die Henne. Diese Verwirrung ist dann ein glücklicher Umstand, der uns vor Schuldzuweisungen und anderen Formen von Scheuklappendenken bewahrt.

Beispiel:

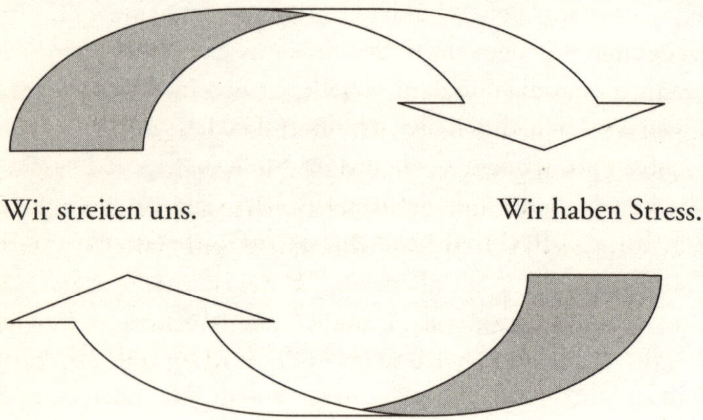

Haben wir uns gestritten, weil wir Stress hatten? Oder war der Stress die Folge des Streites? Jeden Tag stoßen wir auf eine Unmenge von Beispielen solcher Kreisläufe. Es seien nur noch zwei exemplarisch erwähnt:

- Jemand fühlt sich abgelehnt, weil niemand auf ihn zugeht. Oder ist es andersherum? Es geht niemand auf ihn zu, weil er sich abgelehnt fühlt und deshalb verschlossen in der Landschaft herumsteht.
- Stören die Schüler einer Klasse den Unterricht, weil der Lehrer

unmotiviert ist? Oder ist der Lehrer unmotiviert, weil die Schüler stören? Wer kann das schon beurteilen?

Wenn also eine Begründung dafür im Raum steht, welche Ursache zu einer bestimmten Situation geführt hat, dann sollte diese infrage gestellt werden. Vielleicht ergibt die Ursache-Wirkung-Erklärung andersherum ja genauso viel Sinn.

Mit dieser Feststellung wird klar, dass wir nicht genau wissen können, was oder wer wofür verantwortlich ist. So können wir nun unsere Aufmerksamkeit ganz auf Bewegungsspielräume richten, die uns in schwierigen Situationen Erleichterung bringen können.

Zum Einüben

Impuls 1:

Beobachten Sie einmal eine Beziehung Ihres Alltags und wie Sie auf eine andere Person reagieren und dadurch irgendein unerfreuliches Verhalten zustande kommt. Schreiben Sie dazu auf die eine Seite, was die andere tut, denkt, fühlt. Auf die andere Seite schreiben Sie, wie Sie darauf reagieren. Nun überlegen Sie weiter, welche Auswirkung Ihre Reaktion wiederum auf die andere hat. Möglicherweise entdecken Sie ja, dass hier ein Kreislauf von Ursachen und Wirkungen vorliegt.

Für eine konkrete Schwierigkeit

Impuls 2:

Welche Erklärungen haben Sie für die momentane Schwierigkeit? Machen Sie vielleicht eine andere Person dafür verantwortlich? Dann schreiben Sie auf, was Sie als Ursprung eines Problems betrachten und was als Resultat. Können Sie sich auf das Wagnis einlassen, die Situation einmal andersherum zu erklären? Vielleicht veranlasst ja die vermeintliche Wirkung das, was Sie bislang als Ursache betrachtet haben. Womöglich eröffnet diese heilsame Verwirrung, dass Sie von der müßigen Ursachenforschung ablassen und stattdessen Handlungsspielräume zur Verbesserung der Situation ausloten.

Impuls 3 (insbesondere zur Glaubensstärkung):
Gibt es in diesem Geschehen vielleicht eine Person, die von anderen zum Sündenbock gemacht wird? Führen Sie sich einmal vor Augen, dass es die eine Schuldige nie gibt, sondern (aufgrund unserer Verbundenheit) immer nur ein Schuldgeflecht.

Und erinnern Sie sich: Sie brauchen keine Schuldige und Sie müssen auch nicht dafür Sorge tragen, dass Sie es nicht sind. Und auch wenn Sie Schuld an der Situation tragen (was zugegebenermaßen stets auch ein bisschen der Fall ist), hat Gott dafür Vorsorge getroffen, dass wir unsere Schuld loswerden dürfen. Indem er bis zum Äußersten gegangen ist, hat er den Weg für Vergebung und Versöhnung frei gemacht.

Aus der Seelsorgepraxis
Eine der systemischen Techniken, die aus dem mentalen Gefängnis von unbrauchbaren Deutungen und Schuldzuweisungen herausführen kann, sei hier vorgestellt: das *Reframing*. Dieser Begriff stammt vom englischen Wort *frame* (Rahmen). Diese Methode zielt darauf ab, den Rahmen unserer Betrachtungen sowie der wahrgenommenen Zusammenhänge samt deren Bedeutungen zu vergrößern. Durch diesen erweiterten Bezugshintergrund verändert sich unser Bild der Situation drastisch und es kommt zu neuen Handlungsmöglichkeiten. Voraussetzung ist die Erkenntnis, dass der gewählte Rahmen für die Beschreibung der Realität nicht der einzig mögliche und nicht der beste ist.

Die folgenden Beispiele sollen zeigen, wie sich eine neue Perspektive ergibt, wenn wir unsere Wahrnehmung um einen bisher übersehenen Beziehungsaspekt erweitern.

- Die Menschen um Noah dachten, er sei verrückt, weil er seine Arche nie zum Meer würde bringen können. Sie übersahen Noahs Beziehung zu Gott, der ihm angekündigt hatte, dass das Meer (und mehr als dies) zur Arche kommen würde. Auch in der Seelsorge kann sich der Rahmen der Wahrnehmung durch das Hineinsprechen Gottes so erweitern, dass die Ratsuchende der Lösung wesentlich näherkommt.

- Paulus schien durch eine gesundheitliche Einschränkung (2. Korinther 12,7ff.) – den Pfahl im Fleisch – in seinem Dienst behindert zu sein. Tatsächlich ging es aber um mehr als nur um Effizienz und Gesundheit. Gerade weil er durch diese Beeinträchtigung seine Abhängigkeit von der Gnade Gottes ständig vor Augen hatte, konnte Gott ihn so überaus segensreich gebrauchen. So ist es ein Anliegen der Seelsorge, zu gegebener Zeit auf die Wachstumschancen aufmerksam zu machen, die sich aus den Krisen des Ratsuchenden ergeben können.
- Jesus erzählt in seinem zentralsten Gleichnis von zwei Brüdern. Der ältere ist fassungslos, dass der Vater seinem Bruder ein Fest bereitet, nachdem er sein Erbe verprasst und Schande über die Familie gebracht hat. Er übersieht die bedingungslose Liebe des Vaters und was Kindschaft eigentlich bedeutet.

So wird in der Seelsorge ein Perspektivenwechsel bewirkt, wenn es gelingt, die bislang verborgene Liebe zu entdecken und so deutlicher zu sehen, was die Beziehung ausmacht.

19. Einsicht: Eine neue Haltung macht den Unterschied

Eine systemische These ...

Ein erklärtes Ziel Systemischer Beratung besteht darin, die Anzahl der Handlungsmöglichkeiten zu vergrößern. Außerdem fragt man häufig danach, was denn der Unterschied im Denken, Fühlen und Handeln ist, der für die Situation wirklich einen Unterschied macht. Denn mitunter ist das vermeintlich Neue lediglich das Alte in neuem Gewand. Deshalb ist es wichtig, das eigene Urteilsvermögen zu stärken.

Wenn zwei das Gleiche tun, ist es noch lange nicht dasselbe, weiß der Volksmund. Den Unterschied macht etwas, das auf den ersten Blick nicht zu differenzieren ist: die innere Haltung. Hat sich in ihr etwas erneuert, erwachsen daraus automatisch neue Handlungsmöglichkeiten, sodass die betroffene Person keiner Unterstützung für die Konkretisierung der Lösungsschritte bedarf.

... und die Bibel

Die Bibel will immer wieder verdeutlichen, was einen Unterschied im Leben der Menschen macht. Am auffälligsten wird das in Maleachi 3,18 ausgedrückt: *„Ihr werdet am Ende doch sehen, was für ein Unterschied ist zwischen dem Gerechten und dem Gottlosen, zwischen dem, der Gott dient, und dem, der ihm nicht dient."*

Entscheidend ist die innere Haltung zu Gott. Die Besonderheit des Gerechten ist (also) nicht so sehr, was er tut, sondern in welcher Haltung er agiert. Geht ihm die Liebe verloren, ist seine grandioseste Handlung nutzlos. Dienen wir Gott nur aus Anerkennungssucht, bringt uns das von Gott nur noch weiter weg (vgl. z.B. Matthäus 7,12-23; 1. Korinther 13,1-3).

Andersherum kann eine an sich fragwürdige Handlung durch Liebe und Hingabe geadelt werden. Wenn Jesus die Frau, die ihn in Bethanien mit einem kostbaren Öl gesalbt hatte, würdigte (Matthäus 26,6-13), wollte er damit nicht sagen, dass man sein gesamtes Geld in kosmetische Artikel investieren sollte, um es dann mit einem Male „auf den Kopf zu hauen". Denn nicht die Tat der Frau war vorbildlich, sondern ihre Hingabe.

Deswegen ist es auch so verhängnisvoll, wenn wir die Bibel als einen Verhaltenskatalog missverstehen und meinen, man müsse lediglich kopieren, was sich darin als gut herausstellt.

Beobachtungen

Es kommt also darauf an, zu erkennen, was wirklich etwas Neues ist oder wäre. Deshalb geht es auf der Suche nach Lösungen immer wieder darum, sich nicht nur auf die Überwindung irgendwelcher Symptome und Verhaltensweisen zu konzentrieren. Vielmehr suchen wir nach einer neuen Herzenshaltung, durch die die erhoffte Erleichterung möglich wird. Dazu sind drei Schritte zu gehen:

Es ist das Hindernis zu überwinden, dass jemand an dem Leidvollen hängt. Diese verrückte Haltung kann sich daraus ergeben, dass das Belastende sehr vertraut ist, weil man schon so lange miteinander unterwegs ist. Der Therapeut Gunthard Schmidt antwortete einmal auf den ersten Satz seiner Klientin „Ich *habe* eine Psychose" überraschend mit der Frage: „Haben Sie sie auch dabei?" Er machte sich damit nicht über die Patientin lustig, sondern hatte vielmehr den Eindruck, die Psychose könne für sie nicht nur etwas Leidvolles, sondern irgendwie auch ein kostbarer Besitz sein. Vielleicht liegt der Krankheitsgewinn darin, berechtigt zu sein, sich an andere zu wenden, bemitleidet zu werden oder sich selbst zu bemitleiden. Sich bestimmten Herausforderungen oder dem Leben selbst nicht stellen zu müssen usw. Altvertrautes loszulassen, kostet manchmal Mut, ist aber unverzichtbar für etwas Neues.

Wir haben mit Weitblick zu wählen, was Priorität hat. Dabei entscheiden wir oft nur aus dem Moment heraus.

Deshalb ist es immer wieder wichtig zu sortieren, was auch auf längere Sicht wirklich bedeutungsvoll ist.

Es ist hilfreich, sich hin und wieder zu fragen, wie unsere Entscheidungen vom Ende aus betrachtet aussehen würden. Niemand wird am Ende seines Lebens bereuen, nicht noch mehr Stunden im Büro verbracht zu haben, um eine weitere Sprosse auf der Karriereleiter erklommen zu haben. Wirklich verpassen können wir allerdings, uns um Beziehungen gekümmert zu haben, die uns wichtig waren.

Wenn im Grunde klar ist, was in der Zukunft wirklich wichtig sein wird, können wir es ja schon hier und jetzt berücksichtigen.

Seitdem ich mich nicht mehr zu den UFs (Unter Fünfzig), sondern zu den UHs (Unter Hundert) zähle, ist mir glücklicherweise die Begrenztheit meiner Möglichkeiten vor Augen. Geld ist nur noch so wichtig, wie es nun mal nötig ist. Und Ruhm will ich auch nicht mehr erlangen.

Am Anfang dieses Jahres habe ich einmal etwas genauer beobachtet, was mir im Hinblick auf die nächsten zwölf Monate wichtig ist. Dabei ist mir in gewisser Hinsicht eine radikale Veränderung meines Blickwinkels aufgefallen, die ich im Laufe der Jahre vollziehen darf. Früher habe ich vor allem Vorsätze gefasst, welche Vorhaben und Projekte ich voranbringen wollte. Heute ist es mir wichtiger, wie ich Gott und meine Frau noch inniger lieben lernen kann. Auch anderen Verwandten herzlicher zugewandt zu sein und Freundschaften zu pflegen, hat danach höchste Priorität. Alles andere passiert dann von selbst. Ich befürchte noch ein bisschen, dass ich vielleicht bestimmte Projekte nicht verwirklichen kann. Aber eine Katastrophe wäre es nicht mehr.

Diese neue Haltung ist nun im Laufe der Zeit einzuüben. Denn die Entscheidung dafür bildet lediglich die Grundlage für das Neue. Gerade wenn uns Stress und Frustration beherrschen, versucht das Alte uns wieder einzuholen. Dann ist es wichtig, zu sich zu kommen und sich erst einmal leibhaftig zu spüren, um sich dann auf das zu besinnen, was wir an Neuem für wichtig und erstrebenswert erachten.

Zum Einüben

Impuls 1:

Überlegen Sie sich, in welcher inneren Haltung Sie in ein paar Jahren gewachsen sein möchten. Dann können Sie überlegen:

- Was wird das wirklich Neue daran sein? Was erscheint Ihnen daran verlockend?
- Wie wahrscheinlich erscheint Ihnen, in der neuen Haltung einen wesentlichen Schritt vorangekommen zu sein?
- Welche Kapazitäten, Erfahrungen oder Personen können diesen Prozess unterstützen?

Impuls 2: (insbesondere zur Glaubensstärkung):

Stellen Sie sich vor, dass Gott voller Sehnsucht auf Sie schaut.

- Worüber würde er sich freuen, wenn er es in Ihrem Leben vorfinden würde?
- Beobachten Sie, inwieweit Sie bei Ihren Überlegungen nicht nur bei irgendwelchen äußeren Taten hängen bleiben, sondern bis zur Herzenshaltung vordringen.
- Bedenken Sie, dass Gott nichts sehnlicher will, als mit Ihnen in Beziehung zu treten. Welche Ihrer inneren Haltung ist dafür besonders dienlich?

Für eine konkrete Schwierigkeit

Impuls 3: Gehen Sie folgenden Fragen nach:

- Wovon ist eine Veränderung zu erwarten? Suchen Sie nach einem Geheimtipp, wie Sie sich verhalten sollen? Oder sind Sie darüber hinaus auch offen und gewillt, eine tatsächlich neue Haltung in dieser Angelegenheit auszuprobieren?
- Haben Sie eine ungefähre Vorstellung davon, welche Haltungsänderung einen Unterschied machen könnte?

Aus der Seelsorgepraxis

Dass die Aufmerksamkeit nicht auf dem Tun, sondern der Herzenshaltung liegt, wird in der Systemischen Seelsorgeweiterbildung dadurch berücksichtigt, dass die innere Haltung mindestens ebenso wichtig ist wie die eingesetzten Werkzeuge. Deshalb wird ausführlich bewegt, wie wir zu mehr Versöhnlichkeit und Wertschätzung finden können. Diese Haltungen werden dann nicht nur den Seelsorgeprozess bestimmen, sondern der Ratsuchenden auch als Modell für ihre Beziehungen dienen. Hier seien nur zwei solcher Haltungen erwähnt:

- Besondere Bedeutung kommt der Haltung der (sogenannten) Absichtslosigkeit zu. Dies bedeutet, dass sich die Seelsorgerin einerseits mit der Ratsuchenden auf ein Ziel verständigt hat, das sie nun zielstrebig und hoffnungsvoll verfolgen. Andererseits überlässt die Seelsorgerin der Ratsuchenden – völlig frei von Manipulation –, welchen Themen sie sich nähert und welche Schritte sie in welchem Tempo geht. Auf Ratschläge wird verzichtet, da sie schnell als Druckausübung (miss)verstanden werden können. Während es bei der Steuerberaterin durchaus sinnvoll ist, buchstäblich Rat zu bekommen, ist dies in Beziehungsfragen unangemessen. Denn hier muss jeder seine ganz individuelle Entscheidung treffen.
- Umsichtig hat die Seelsorgerin im Blick, dass eine gute Lösung nur wirklich gut ist, wenn sie allen Beteiligten eines Beziehungsgeflechts guttut. Deshalb wird die Seelsorgerin die Ratsuchende nicht auf Kosten einer anderen Person stärken wollen.

Beispielsweise konnte ich einen Vater nicht in dem Versuch unterstützen, seine Forderungen gegenüber seiner 17-jährigen Tochter durchzusetzen, die aufgrund einer Depression nur eingeschränkt ihren Verpflichtungen im Haus nachkommen konnte. An der Haltung der Eltern, ihr Kind loszulassen, hätte ich gerne gearbeitet. Den Auftrag und damit die Arbeitserlaubnis bekam ich dafür jedoch nicht.

Hier stand auch eine Anschuldigung des Vaters seiner Tochter gegenüber im Raum. Mich bewegte dann die Frage, wie es dem schwächsten Glied in dieser Auseinandersetzung wohl gehen mag, ohne dabei Partei zu ergreifen.

20. Einsicht: Mit wenig Mitteln kann viel bewirkt werden

Eine systemische These ...
Wir erleben tagtäglich, wie komplex, ja manchmal unüberschaubar kompliziert unser Leben ist. Also müssen auch die Antworten und Reaktionen auf unsere brennenden Fragen aufwändig sein, so schlussfolgern wir. Wir misstrauen einfachen Lösungen. Jedoch zu Unrecht.

Systemische Arbeit ist bestrebt, mit möglichst wenigen Mitteln viel zu bewirken, und lädt damit auch im Hinblick auf den Aufwand zu einem Perspektivenwechsel ein. Die Wirksamkeit eines Schrittes hängt nicht von dessen Aufwand ab. Vielmehr ist – wie bereits in Kapitel 19 beschrieben – entscheidend, ob es sich tatsächlich um etwas Neues handelt. Außerdem ist von Bedeutung, in welchem Maße dieses Neue von den Betreffenden gewollt ist – kurz gesagt: ob die Zeit für diesen Schritt reif ist.

So wie ein kleiner Schlüssel eine große Tür öffnen kann, so er denn passt, können die klein erscheinenden Schritte von großem Gewicht sein.

... und die Bibel
Im 2. Buch der Könige wird uns von dem Feldhauptmann Naeman berichtet, der vom Propheten Elisa enttäuscht war. Denn der große Prophet hatte keine große Zeremonie zur Heilung von Naemans Aussatz veranstaltet, sondern ihn lediglich gebeten, als Zeichen seines Vertrauens im Jordan unterzutauchen (2. Könige 5,11).

Auch die meisten anderen Machterweise Gottes, die uns in der Bibel berichtet werden, waren von keinem großen Spektakel begleitet. So berichten die Evangelien von einem Hauptmann, der davon überzeugt war, dass es für Gott ein Leichtes ist, durch viel oder wenig zu helfen. „Sprich nur ein Wort", sagte er deshalb zu Jesus, der daraufhin den Glauben dieses Offiziers als vorbildlich bezeichnete (Lukas 7,1-10).

Beobachtungen

Wir sehnen uns nach einfachen Lösungen. Erst haben wir dazu beigetragen, unser Leben immer vielfältiger zu gestalten und uns immer komplexerer technischer Mittel zu bedienen. Doch wenn man das lange genug verfolgt hat und vieles zu kompliziert und aufwändig geworden ist, setzt eine Gegenbewegung ein – die Vereinfachung und die Sehnsucht, mit wenigen Mitteln viel zu erreichen.
Einige persönliche Beispiele:

- Nachdem ich bestrebt war, mich immer ausgeklügelter und technisierter fortzubewegen, weiß ich nun, wie viel Spaß das Wandern machen kann.
- Ich habe immer davon geträumt, fremde Erdteile kennenzulernen. Mittlerweile fiel mir auf, dass es im Umkreis von 100 Kilometern noch manch Interessantes und Schönes zu entdecken gibt.
- Früher dachte ich, medizinische Maßnahmen müssten besonders aufwändig sein, um zu helfen. Neulich verstauchte ich mir den rechten Fuß – was vier bis sechs Wochen Schmerzen bedeuten sollte. Der Arzt unternahm nicht den Versuch, ein linderndes Mittel zu verschreiben – weil es wahrscheinlich ohnehin nicht hilft. Mit Unterstützung meiner Frau, die Expertin in Heilpflanzenkunde ist, war ich mit einem „Unkraut" von der nächsten Wiese nach drei Tagen geheilt.
- Mit immer ausgereifteren technischen Mitteln versuchte ich, meine Vortragsarbeit interessant zu gestalten. Heute bewirke ich mit wesentlich weniger Effekten und Worten viel mehr.
- Auch in meiner Ernährung gilt mittlerweile, dass das Einfache und Natürliche immer noch das Beste ist und viele aufwändige Behandlungsmethoden die Lebensmittel oft entwerten.

Auch in der Arbeitswelt liegt bei der Suche nach Effizienz die Lösung oft in der Vereinfachung von Prozessen. Mein Freund Stefan erzählte mir neulich von seiner Arbeit als Arzt in einem Team von mehreren Wissenschaftlern. Gemeinsam forschten sie nach einer Entscheidungsregel, mit deren Hilfe ein Hausarzt eine koronare

Herzerkrankung mit hoher Sicherheit ausschließen kann. Dies würde dem Arzt erlauben, in vielen Fällen auf eine unnötige weiterführende Diagnostik (wie z.B eine Herzkathederuntersuchung) zu verzichten, die teuer ist und Nebenwirkungen mit sich bringen kann. Dieses Projekt fand national wie auch international Anerkennung. Dabei lobten zwei sehr renommierte Wissenschaftler aus Oxford das Vorgehen von Stefans Team mit den Worten: *„Die einfachsten und pragmatischsten Lösungen sind auch aus wissenschaftlicher Sicht oft die besten!"* Die Idee war einfach „nur": *„Es muss auch einfacher gehen."*.

Dabei stand hinter dem Prinzip der Vereinfachung reiner Pragmatismus. Eine kompliziertere Lösung würde im geschäftigen Alltag einer Arztpraxis ohnehin keine Anwendung finden.

Ebenso kann im Alltag unserer Beziehungen ein schlichtes Geschehen große Bedeutung gewinnen. Dazu einige Beispiele:

- Ich war vor vielen Jahren einmal allein in einem Land, in dem mir vieles fremd war. Als ich ankam, lächelte mich auf der Straße ein Passant an, kaum eine Sekunde lang. Diese winzige Geste half mir, mich ein Stückchen heimischer zu fühlen. Die Erinnerung an das Gesicht ist zwar erloschen, aber die Wärme seines Lächelns ist mir noch ganz nahe.
- Jemand erzählte mir, ich hätte seine Ehe gerettet. Meine Vermutung, dass dies nicht ganz ernst gemeint war, bestätigte sich nicht. Dabei hatte ich „lediglich" gute Fragen gestellt.
- Als ich meinen Vater besuchte, zeigte er mir ein ganz altes Bild von der Familie meines Urgroßvaters. Dadurch fühlte ich mich stärker als zuvor mit den Männern und Frauen verbunden, die vor mir gelebt hatten.

In Krisen können ein paar Worte manchmal sogar über Leben und Tod entscheiden. Davon berichtet der Schauspieler Christopher Reeve in seinem autobiografischen Roman „Immer noch ich. Mein zweites Leben". Der Mann hatte sich bei einem schweren Reitunfall das Genick gebrochen und war nun vom Hals abwärts querschnittsgelähmt.

Als ihm bewusst wurde, wie schwerbehindert er sein ganzes Leben lang bleiben würde, zog er in Erwägung zu sterben. Er sagte zu seiner Frau Dana: *„Vielleicht wäre es besser, mich gehen zu lassen?"* Sie fing an zu weinen. Dann sagte sie: *„Ich sage dir das nur dieses eine Mal: Ich werde dir zur Seite stehen, egal, was du tun willst, weil es dein Leben und deine Entscheidung ist. Aber ich möchte, dass du weißt, dass ich bereit bin, den ganzen langen Weg mit dir zu gehen, komme, was wolle."* Und dann setzte sie noch den Satz hinzu, der ihrem Mann – wie ihm später klar wurde – das Leben rettete: *„Du bist immer noch du. Und ich liebe dich."*[13]

Nun ist es längst nicht immer so offensichtlich, was uns den Mut gibt, trotz aller kleinen, großen und übergroßen Schwierigkeiten die Herausforderungen des Lebens zu bewältigen. Wenn jedoch in einem systemischen Prozess die verborgenen und meist unausgesprochenen Liebesimpulse ins Bewusstsein rücken und der Betreffende diese verinnerlichen kann, ist mit wenig Mitteln viel geschehen.

Zum Einüben

Impuls 1:

Suchen Sie nach folgender Erfahrung in Ihrer Biografie oder der Lebensgeschichte von nahestehenden Menschen: Sie haben eine Aufgabe oder einen Veränderungsschritt als besonders schwierig und mühsam eingeschätzt. Aber als die Zeit dafür reif war, kam es dann doch dazu, ohne dass es Sie die Mühe gekostet hat, die Sie erwartet hätten.

Auf welche Ressourcen in Ihren Beziehungen konnten Sie dabei zurückgreifen?

Könnten Ihnen solche Entdeckungen zu mehr Gelassenheit verhelfen? Vielleicht ist es dann nicht mehr nötig, Ihre eingeschränkten Mittel an Zeit, Kraft und Fähigkeiten zu beklagen.

---

13 Christopher Reeve: Immer noch ich. Mein zweites Leben. München 2001. S. 47.

Für eine konkrete Schwierigkeit:
Impuls 2:
Schätzen Sie die Lösung des Problems als besonders schwierig ein? Versuchen Sie den folgenden Gedanken nachzugehen: Wenn ich es von Herzen will, wird sich in mir etwas bewegen. Das Gleiche gilt für meine Mitmenschen. Und wenn ausreichend Motivation vorhanden ist, braucht es für die fällige Veränderung nicht viel. Mit dieser Erkenntnis erscheinen Ihre Probleme nicht mehr so unüberwindlich.

Impuls 3 (insbesondere zur Glaubensstärkung):
Gehen Sie dem Gedanken nach, dass Gott das einfache, unauffällige Handeln schätzt. Er macht sich mit schlichten Aussagen und Bildern in der Bibel verständlich.

In 1. Samuel 14,6 heißt es: *„Vielleicht wird der Herr etwas für uns tun, denn es ist dem Herrn nicht schwer, durch viel oder wenig zu helfen."* Mit anderen Worten: Für ihn macht es keinen besonderen Unterschied, ob für eine Veränderung viel oder wenig geschieht.

Deswegen können Sie davon Abstand nehmen, dass viel Aufwand betrieben werden muss, um Gottes Absichten zu verwirklichen. Und manchmal sind keine langen Ausführungen in unserem Gebet notwendig, sodass wir „bloß" zu sagen brauchen: „Herr, sprich nur ein Wort ..."

Aus der Seelsorgepraxis
In seinem Buch „Irre" merkt Manfred Lütz an, dass er sich von dem typisch deutschen Vorurteil verabschiedet hat, Kurzzeittherapien seien amerikanisches Fast-Food für Arme im Geist.[14]

Manche macht es zunächst misstrauisch, dass systemische Prozesse meist nur eine einstellige Zahl von Sitzungen umfassen. Doch es ist nicht der Zeitumfang, sondern der ressourcen- und lösungsorientierte Ansatz, der in der Seelsorge für eine hohe Wirksamkeit sorgt.

So ist die Erfahrung in systemischen Prozessen: Wenn man sich nicht von allen möglichen nebensächlichen Gedankengängen ablen-

14 Manfred Lütz: Irre. S. 69.

ken lässt, ist es nicht so schwer, den springenden Punkt für die Lösung zu finden. Dann bedarf es für eine einschneidende Veränderung nicht viel. Es muss sich bloß als etwas wirklich Neues von dem Alten abheben.

Oft wird ein Schlüsselsatz gefunden, der, wenn er mehr und mehr verinnerlicht wird, der Lösung immer weiteren Raum gibt. Beispielsweise kann sich jemand vorstellen, wie er eine Last getragen hat, die ihm nicht gehörte. Nun übt er die Aussage: „Ich stehe dafür nicht mehr zur Verfügung."

Der schnelle Erfolg ist im Gegensatz zu wirtschaftlichen Unternehmungen natürlich nicht der einzige Maßstab, an dem die Qualität einer Seelsorge zu messen ist. Denn in der Arbeit mit dem Menschen ist Wertschätzung das höchste Gebot. Diese zeigt sich auch in der Zeit, die man einem Menschen widmet und die man für dessen Weiterentwicklung zur Verfügung stellt. Dennoch ist aus drei Gründen die Kürze eine ethische Forderung an jede beratende Tätigkeit:

- Die Ratsuchende wünscht sich so bald wie irgend möglich eine Entlastung von ihrem Leidensdruck.
- Manchmal ist es ihr auch nicht möglich, sehr viel Zeit und Kosten einzusetzen.
- Das Ziel des Prozesses liegt darin, die Freiheit und Unabhängigkeit im Denken, Fühlen und Handeln zu fördern, auch so schnell wie möglich die Unabhängigkeit von der Seelsorge und der Person der Seelsorgerin.

Bei alledem ist natürlich zu beachten, dass es das Wundermittel, welches wir uns manchmal wünschen, nicht gibt. Veränderungsprozesse brauchen ihre Zeit. Dafür gibt es keine Abkürzungen. Doch die Impulse, die eine Seelsorgerin geben kann, um solch einen Prozess anzustoßen, müssen nicht aufwändig sein. Die Seelsorge muss nicht viel Reden, viel Problemanalyse, viel Persönlichkeitsdiagnostik, viel Auseinandersetzung mit allen möglichen Themen beinhalten. Denn wenn sie auf das Entscheidende ausgerichtet ist – auf Beziehungen, Ressourcen, Lösungen, Ganzheitlichkeit und Perspektivenwechsel –, können kleine Einsichten Großes bewirken. In ihnen können Ratsuchende Spuren der Liebe entdecken, die sie auf dem Weg in eine versöhntere und hoffnungsvollere Zukunft begleiten.

Ausblick – Wertschätzung pur

Systemisches Denken lädt zu dem Abenteuer ein, andere (und damit auch sich selbst) mit größerer Wertschätzung zu betrachten. Vor allem danach sehnen wir uns in all den Unsicherheiten unseres Lebens. Deshalb liegt das vorrangige Ziel im Beziehungsalltag und in der Seelsorge darin, den tatsächlichen Wert unseres Gegenübers zu entdecken.

Ich war in der S-Bahn unterwegs. Ein Mann hatte seine Geige neben sich auf den Boden gelegt. Für einen Moment stellte ich mir vor, er habe dort im Kasten eine Geige, die von dem berühmtesten Geigenbauer aller Zeiten gefertigt wurde – also eine Stradivari. Das Geschaffene lässt immer Rückschlüsse auf den Schöpfer zu. Egal, ob wir mit einem Produkt zufrieden sind oder nicht, wir bringen es immer in Verbindung mit dem Hersteller. Umgekehrt gilt auch: Wenn etwas aus einer ganz bestimmten Werkstatt kommt, schlussfolgern wir, was wir von diesem Produkt zu erwarten haben. Deshalb gibt es Schülergeigen, die 100 Euro kosten, und Stradivaris, die Millionen wert sind.

Der Vergleich zwischen einer Stradivari und uns Menschen ist gewagt. Denn wir Menschen sind unvergleichlich wertvoller als ein Instrument, das immer irgendetwas bezwecken soll und niemals seine Daseinsberechtigung allein in seinem Dasein hat.

Aber was für ein aufregender Gedanke ist es, all die Menschen hier in diesem S-Bahn-Wagen als Kunstwerke aus der Werkstatt des großen Meisters zu betrachten. Hellwach schaue ich mich um. Der eine oder andere der Mitreisenden kommt mir für diese Perspektive zu ramponiert vor. Allerdings bleibt eine Stradivari auch dann eine Stradivari, wenn sie mit vielen Schrammen übersät ist. So ändern all die Spuren von den Schlaglöchern des Lebens nichts daran, dass wir die Krönung der Schöpfung sind. Gottes Meisterstück.

Ein Geiger erzählte mir neulich: Im Gegenteil zum Klavier verringert sich der Wert einer Geige, wenn sie nicht gespielt wird. Durch den Gebrauch des Resonanzkörpers verbessert sich der Klang immer mehr.

Ich war erstaunt. Wertsteigerung durch Benutzung – das ist nicht das Übliche. Und auch bei uns Menschen sprechen wir eher von Abnutzung. Doch Menschen, die sich geliebt wissen und die diese Liebe versuchen weiterzugeben, sagt man nach, dass sie mit den Jahren immer edler werden.

Lange Zeit habe ich mich so betrachtet, als wäre meine Erschaffung so abgelaufen:

Als Gott zusammenstellte, welche Rahmenbedingungen mich bestimmen sollten, hat er das noch schnell am Freitagnachmittag erledigt, um es hinter sich zu bringen. Sein himmlisches Team war schon sichtlich genervt, weil es Krach gegeben hatte und die Woche wieder mal hart war. So fackelten sie nicht mehr lange und nahmen schnell, was noch so an Eigenschaften, äußeren Merkmalen, Charakteren und Beziehungsmöglichkeiten auf Lager überschüssig war – eben um mein Leben überhaupt auf den Weg zu bringen.

Wie absurd. Für Gott ist die beste Ausstattung gerade gut genug, wenn es um seine geliebten Kinder geht. Oft scheint sich uns ein anderer Eindruck aufzudrängen – als wäre ein Menschenleben chaotisch wie eine Schrottsammlung. Doch einmal werden wir uns die Augen reiben und sehen, von was für Kunstwerken wir die ganze Zeit umgeben waren. Muss ich warten, bis ich in Gottes Reich bin, oder könnte ich schon mal damit anfangen? Das Reich Gottes ist mitten unter euch (vgl. Lukas 17,21) hat Jesus den Jüngern gesagt. Und Luther mag zu Recht übersetzen: „inwendig in euch".

So gehe ich diesen beinnahe unheimlichen Gedanken jetzt in diesem tristen S-Bahn-Wagen nach: Wir sind ganz und gar nicht wie Plastiklöffel in Serie produziert. Wären meine Mitreisenden Geigen, dann wären es alles Stradivaris. Dass es so viele gäbe, mindert nicht ihren Wert. Denn jede ist einzigartig.

Und sollte es passieren, dass sie mit dem großen Meister in Berührung kommen, werden alle nur staunen und einsehen müssen, dass sie den Wert jedes einzelnen Menschen total unterschätzt haben.

Jeder weiß es, aber nur wenige haben den Mut, ihr Leben danach auszurichten: Unseren Wert können wir nicht erwirtschaften, sondern nur empfangen. Das zu sehen, gelingt freilich nur dem Herzen, das nach dieser Kostbarkeit sucht.

Sicher ist keine Stradivari im Kasten des Musikers. Stradivaris und Künstler, die sie spielen dürfen, fahren kaum S-Bahn. Und wenn doch, würden sie den Geigenkasten nicht einfach so auf dem Boden abstellen, sondern ihn wie ein schutzbedürftiges Kind in den Armen behalten. Warum? Weil sie um seinen Wert wissen.

Weitere Ratgeber bei FRANCKE

Martin Grabe
Lebenskunst Vergebung
Befreiender Umgang mit Verletzungen
ISBN 978-3-86122-962-9
192 Seiten, gebunden

Kaum etwas kann befreiender sein als richtig verstandene Vergebung. Wer von anderen Menschen verletzt wird, gerät leicht in einen Kreislauf negativer Gedanken hinein. Das kann ihm auf Dauer größeren Schaden zufügen als das eigentliche Unrecht. Dieses Buch zeigt ganz praktisch, wie es einem Betroffenen gelingt, mit Verletzungen umzugehen und sie loszulassen. Die geschilderten Wege der Vergebung haben sich in Psychotherapie und Seelsorge vielfach bewährt. Ein Handbuch für Betroffene, Therapeuten und Seelsorger.

Jörg Berger
Das 9x1 des Charakters
Gottes Bild von mir entdecken
ISBN 978-3-86827-044-0
200 Seiten, Paperback

Welche Gabe schlummert in Ihnen? Und in den Menschen, die Sie lieben? Neun Charakterbeschreibungen führen Sie auf eine Spur:

- Wachstumsbringer
- Gemeinschaftsstifter
- Hoffnungsträger
- Sinneswecker
- Brückenbauer
- Vertrauensstifter
- Freudenboten
- Freiheitskämpfer
- Friedensstifter

Menschen mit diesen Eigenschaften haben entfaltet, was Gott in ihren Charakter gelegt hat. Jeder Charakter ringt mit einer eigenen Lebensfrage. Die Suche nach einer Antwort kann in Sackgassen führen – oder zu einer Weisheit, die das Leben gelassen und fruchtbar macht. Jörg Berger verbindet in seinem Buch eine psychologische Sicht des Menschen mit den befreienden Erfahrungen, zu denen der christliche Glaube führt.

Jörg Berger
Mit offenen Augen lieben
Das Geheimnis der Partnerwahl
ISBN 978-3-86827-117-1
80 Seiten, Paperback

Kaum etwas prägt unser Leben so stark wie die Wahl des Lebenspartners. Grund genug, sich mit dem Geheimnis der Partnerwahl zu befassen: Welche Anziehungskräfte führen Menschen zusammen? Wie gebe ich der Partnersuche die besten Chancen? Wie vermeide ich schlechte Erfahrungen? Kann ich eine Beziehung retten, die schwierig begonnen hat? Psychologische Forschung und Erfahrungen aus der Psychotherapie helfen, diese Fragen zu beantworten. Oft sind es gerade die anziehenden Gegensätze, die später Probleme machen. Um sie zu entschärfen, muss sich ein Paar vor Augen führen, wie alles begann. Jörg Berger gibt dazu wertvolle Denkanstöße.

Jörg Berger
Ein loderndes Feuer
Frauen, Männer und das Wagnis der Intimität
ISBN 978-3-86122-963-6
160 Seiten, gebunden

Das sexuelle Getöse in unseren Medien hat uns mehr als genug Wissen über die Sexualität gebracht. Doch verstehen wir sie auch? Welche Sehnsüchte verbergen sich hinter unseren sexuellen Wünschen und wie stillen wir sie? Wie finden wir Kontakt zu unseren sexuellen Kräften, ohne die Kontrolle über sie zu verlieren? Wie entfachen wir eine Paarbeziehung, deren Erotik auch mit den Jahren nicht erlischt? Jörg Berger lädt den Leser auf eine Entdeckungsreise ein. Er führt ihn an den Abgründen der Sexualität vorbei, begleitet ihn durch die Niederungen des weiblichen und männlichen Alltags und zeigt ihm den Gipfel einer sexuell erfüllenden Partnerschaft, den Lebensraum, in dem die sexuelle Energie dem persönlichen und geistlichen Wachstum dienen kann.

Jörg Berger
Lebensziel Berufung
Den eigenen Weg finden in einer Welt der Beliebigkeit
ISBN 978-3-86122-812-7
128 Seiten, gebunden

Aus dem Vorwort:
„Als Psychotherapeut beschleicht mich nach Abschluss einer Therapie manchmal ein banges Gefühl. Es hat sich ein Weg aus der Krise gebahnt, doch was jetzt? Es fehlt die Sicht für eine bedeutsame Lebensaufgabe. Das gab mir den Anstoß, nach der verlorenen Perspektive von Berufung zu fragen: Wie finde ich eine Lebensform, die meinem Wesen entspricht? Wofür soll ich mein Leben einsetzen?"

Auf die Frage nach dem Wie gibt der Autor praktische Antworten, die sich in der Psychotherapie bewährt haben. Auf die existenzielle Frage nach dem Wofür bietet das Neue Testament Lösungen, die den Menschen aus seinen Verstrickungen befreien und zu einem frohen, schöpferischen und einsatzbereiten Leben freisetzen. Dieses Buch kann einem Leben neue Richtung geben.

Bestseller von Gary Chapman

Auf Dauer genügt es nicht, dem Partner die Liebe nur zu beteuern. Unseren Worten müssen Taten folgen, damit der andere sich wirklich geliebt fühlt. Doch das ist einfacher gesagt als getan. Wie oft haben wir es schon versucht, und unser Partner war dennoch enttäuscht? Häufig scheint nichts, was wir tun, gut genug zu sein.

Gary Chapman ist dem Geheimnis einer erfüllten Liebesbeziehung auf die Schliche gekommen: Es kommt nicht darauf an, dem anderen irgendeinen Liebesdienst zu erweisen, sondern den richtigen. Und er hilft uns dabei, so schnell wie möglich herauszufinden, welcher das ist. Denn wozu noch länger warten?

Die fünf Sprachen der Liebe –
Bildausgabe s/w
ISBN 978-3-86122-621-5
192 Seiten, Paperback

Die fünf Sprachen der Liebe –
Textausgabe
ISBN 978-3-86122-126-5
160 Seiten, Paperback

Die fünf Sprachen der Liebe –
Das Hörbuch
ISBN 978-3-86122-635-2
CD, 60 Min. Laufzeit